"北京市幼儿园名师培养工作室"项目成果
"北京市房山区园长工作室"项目成果

答新手幼儿教师120问

刘洪霞 ◎ 主编

中国轻工业出版社

图书在版编目(CIP)数据

答新手幼儿教师120问/刘洪霞主编.—北京:中国轻工业出版社,2012.1(2022.12重印)
ISBN 978-7-5019-8470-1

Ⅰ.①答… Ⅱ.①刘… Ⅲ.①幼教人员-教育工作-问题解答 Ⅳ.①G615-44

中国版本图书馆CIP数据核字(2011)第204132号

总 策 划:石　铁
策划编辑:高　君　　　　　　　责任终审:杜文勇
责任编辑:吴　红　高　君　　　责任监印:刘志颖

出版发行:中国轻工业出版社(北京东长安街6号,邮编:100740)
印　　刷:三河市鑫金马印装有限公司
经　　销:各地新华书店
版　　次:2022年12月第1版第11次印刷
开　　本:710×1000　1/16　印张:15.5
字　　数:144千字
印　　数:26001—28000
书　　号:ISBN 978-7-5019-8470-1　定价:28.00元
读者热线:010-65181109,65262933
发行电话:010-85119832　传真:010-85113293
网　　址:http://www.chlip.com.cn　http://www.wqedu.com
电子信箱:1012305542@qq.com
如发现图书残缺请拨打读者热线联系调换
110657Y1X101ZBW

本书编者

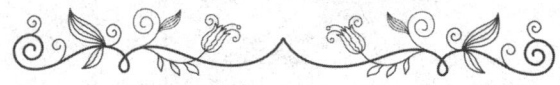

顾　问：张小红

主　编：刘洪霞

副主编：吴海梅　　高玉燕

编　委：陈　涛　　程建华　　多松美　　郭慧芬　　谷晶晶　　何　颖
　　　　胡贵平　　胡　杰　　贾　华　　梁艳丰　　刘　瑶　　刘玉红
　　　　李蒙蒙　　李　奕　　钱晓凤　　任宏侠　　宋月伟　　佟　爽
　　　　王春燕　　王　兰　　王秀宇　　魏桂霞　　韦晓玲　　温旭辉
　　　　邬龙梅　　杨东红　　杨凤霞　　杨国辉　　杨晓静　　杨雪松
　　　　印　萍　　张艳冬　　张　悦　　张　颖　　朱　艳

推 荐 序

  刘洪霞老师基于多年从事幼儿教育研究指导工作的经验与智慧，编写了《答新手幼儿教师120问》这本书。我读完以后，深受启发，因为这本书源于教师在教育教学中出现的真问题、真困惑，直指幼儿教师的专业成长，针对性很强。

  文章中涉及的问答是教师在从事一线教育教学活动和与幼儿家长交流如何科学育儿时应知应会的内容，是幼儿教师职业工作中的"一招鲜"，属于教育教学中的方法论范畴，实践性强，符合目前幼儿教师工作的需求。

  衷心希望我们每位幼儿教师都能结合教育工作实际，抽时间认真研读，尽快掌握这些方法。同时，在不断深入的教育实践中创造出符合教育规律的、更多更好的服务于家长以及教育儿童的方式、方法。

张小红
2011年3月

（张小红：北京市教育委员会学前教育处处长）

前 言

当前，学前教育受到国家和社会的高度重视。幼儿园的数量急剧增加，幼儿教师的队伍不断壮大——每年都会有大量的"新鲜血液"注入到幼儿教师的队伍中来，就是很有力的证明。同时，幼儿教师又是一个专业性很强的职业，像所有的专业化职业一样存在着专业发展的关键期。如何有效地缩短入职适应阶段，更快地掌握幼儿园的教育教学技能，并迅速地完成"新手教师—熟练型教师—胜任型教师—骨干教师"这一过程，是每一个新入职幼儿教师都迫切希望解决的问题，也是园所整个教师队伍快速成长的需求。教师专业技能的高起点，直接关系到所在园所的保教工作水平和园所的可持续发展。

本书是一本幼儿教师的职业启蒙用书，适用对象包括正在攻读学前教育专业的准教师、工作1～2年的新教师、小学转岗教师、非学前专业出身的旁系教师。同时，本书也为幼儿园领导提供了迅速提高教师专业化技能的具体思路和方法。

在编写此书时，作者按照幼儿教师在入职初期最常面临的困惑把全书分为五篇，共120个问题。"常规习惯培养篇"主要是从幼儿园一日生活入手详尽地介绍了新教师如何把握常规要求、熟练地组织一日生活以及掌握常规习惯培养的有效技能。"互动环境创设篇"主要阐述了幼儿园的生活环境、游戏环境、教学环境、户外环境以及墙面创设的具体要求，介绍了"互动"环境创设的技巧和方法。"过程观察指导篇"主要针对教师专业发展的基本技能——"观察幼儿"，向教师点拨了观察的要点和方法。"家园合作联动篇"则主要结合家园共育中可能出现的问题，提出了切合实际的解决方法。最后一篇"专业能力发展篇"主要从宏观到微观，解读了幼儿教师到一个新单位后面临的沟通问题、职业适应问题及个人发展问题，指出了幼儿教师专业发展的不同阶段的行为要素和关键方法。

当然，每位幼儿教师的专业起点不同，遇到的问题也会有所差异。因此，建议读者先浏览一遍目录，然后寻找自己最需要解决的问题先行了解。之后，在翻阅此书时，建议读者先阅读"专业能力发展篇"，以便为自己的专业成长设定近期和远期目标，再反思调整自身的实践行为，结合自身的需要逐步提升自我专业技能。

特别希望幼儿园的领导能够关注书中新入职教师可能出现的问题，并通过新教师培训、园本教研、专题研究及骨干教师培养等方法，有目的、有计划地提高青年教师的专业技能，使他们尽快完成专业教师的角色转变。书中的方法不是万能的和绝对完美的，需要教师因地制宜，结合实际情况，总结自己的个性化经验。

本书的编写团队包括三部分成员。第一部分成员是来自北京市宣武区、丰台区、大兴区的"北京市幼儿园名师培养工作室"的12位教师，她们是北京市学前教育的骨干力量，分别在园长、业务领导或一线教师的岗位上开展了3年的团队研究，都曾走过新手教师—熟练型教师—胜任型教师—骨干教师的专业成长过程。书中涉及的诸多问题来源于她们的实践经历和工作感悟，是实践层面的专业发展经验的结晶。

第二部分成员是北京市丰台区"导师带教工作小组"的教师，她们都是工作时间不长的青年教师，她们的问题和经验来源于教育实践，会让读者切身地感受到她们火热的职业热情和专业发展困惑解决过程中青春涌动的成长脉搏。

　　第三部分成员是"北京市房山区园长工作室"的实验园领导和老师们，她们是一个学前教育专业"科班"出身的教师与转岗教师并存的特色教师团队，她们在短短的几年时间内迅速成长为具有较高专业水平的教师团队。这里（本书）有她们可圈可点的成长轨迹。

　　在这里，笔者还要特别感谢北京市教委组建了"北京市幼儿园名师培养工作室"，让我有机会和12位热爱学生、热爱幼教事业的教师一起感悟职业的快乐！

　　特别感谢北京市教委学前教育处的张小红处长对本书内容定位的建议与指导，感谢张处长对我个人专业发展的关怀和引领！

　　特别感谢北京市丰台区方庄第二幼儿园的孔振英园长对工作室活动的支持，感谢该幼儿园为工作室提供的观摩、研究和总结的资源支持！

　　"同在蓝天下，幼儿教师是一家。"希望本书能为新入职教师的专业发展起到"发展的导师、成长的军师、攀登的伙伴"的作用，这是我们的心愿！学前教育事业在发展，我们在进步，期待和大家一起享受学前教育的美好人生！

刘洪霞

2011年8月20号

目 录

常规习惯培养篇 /1

一、幼儿园常规培养工作初入门 ………………………………2
1. 幼儿园的常规培养教育包括哪些内容? …………………………2
2. 培养幼儿常规的常用有效方法有哪些? …………………………4
3. 什么是"弹性常规"? 怎样随幼儿的需要有效调节常规? ………6
4. 常见的常规儿歌有哪些? 培养幼儿常规的儿歌怎样编写? ………8
5. 如何在培养幼儿良好常规的同时满足幼儿的个性化需求? ………10
6. 培养幼儿常规的常见环节过渡游戏有哪些? ……………………11
7. 在过渡环节培养幼儿的常规应该注意什么? ……………………14
8. 怎样做好升级到新班的幼儿的常规培养衔接工作? ……………15
9. 怎样尽快改进新接的常规不好的班级? …………………………16
10. 在幼儿入托初期如何有效而迅速地培养他们的常规? …………18
11. 怎样培养托班幼儿的常规更有效? ………………………………21
12. 应该怎样教育总是不遵守常规的孩子? …………………………23
13. 如何引导家长重视并积极参与幼儿常规的培养? ………………25

二、生活常规培养中的问题 ……………………………………27
14. 如何引导幼儿自觉地饮水? ………………………………………27
15. 喝水的时候,为了节省时间,让幼儿站着喝可以吗? …………30
16. 如何培养幼儿良好的洗手习惯? …………………………………31
17. 教师应该怎样引导才能使托、小班幼儿洗手时不玩香皂和水? …33
18. 如何引导做事拖拉的幼儿抓紧时间? ……………………………34

19. 在过渡环节组织哪些活动可以让常规安静、有序地进行？……………………35
20. 如何培养幼儿安静午睡的好习惯？……………………………………………36
21. 在幼儿园如何教托、小班的幼儿自己擦屁股？………………………………38
22. 怎样应对小班幼儿不愿意在幼儿园大便的问题？……………………………40
23. 面对大班还时常尿床的小朋友，教师应该怎么办？…………………………41
24. 大班幼儿一日活动常规怎样体现幼小衔接？…………………………………42

三、游戏常规培养中的问题 …………………………………………………45

25. 区域游戏时，如何让幼儿了解区域的活动常规并自觉遵守呢？……………45
26. 当进入某个活动区的幼儿人数超过了限定的人数时，怎么办？……………47
27. 面对外来参观的客人，幼儿是向客人主动问好还是继续游戏？……………48
28. 如何顺应幼儿的需要，和幼儿一起修改完善常规？…………………………49
29. 区域游戏中有时出现幼儿串区的现象，是否违反常规呢？…………………50

四、学习常规培养中的问题 …………………………………………………53

30. 在集体活动中如何培养幼儿良好的倾听习惯？………………………………53
31. 如何让教育活动活而不乱？……………………………………………………54
32. 家长开放日，幼儿一见到家长就不遵守常规了，怎么办？…………………56
33. 在学习活动的操作环节中，如何培养幼儿良好的操作常规？………………58

互动环境创设篇 /60

34. 幼儿园的互动环境包括哪些内容？墙饰包括哪些类别？……………………61
35. 小、中、大班怎样布置主题墙？………………………………………………63
36. 怎样让墙饰与幼儿进行有效互动？……………………………………………64
37. 主墙饰环境怎样随着幼儿的需要动态变化？…………………………………67
38. 怎样结合小班幼儿的特点布置互动墙饰？……………………………………70
39. 幼儿视线以上的墙饰和视线以下的墙饰在布置上有什么不同？……………74
40. "天气预报栏"如何设计？怎样让幼儿感知天气和生活的关系？……………76
41. "天气预报"墙饰怎样体现小、中、大班幼儿的年龄特点？…………………77
42. 如何把文字与教室环境有机地结合起来？……………………………………79
43. 区角环境如何与主题活动相结合？如何把握其中的尺度？…………………81
44. 如何布置"新闻墙"？……………………………………………………………83

45. 怎样让幼儿更加关注和理解"新闻角"的内容？……………………85
46. 小、中、大班的自然角主要区别在哪里？如何具体创设？……………87
47. 自然角的植物刚种下，幼儿就把它们长出来的情况
    在生长日记上提前画完了，怎么办？……………………………………90
48. 如何设置区域游戏场地使幼儿间既不相互干扰又能进行必要的交流？……92
49. 怎样投放区域游戏材料以满足幼儿的游戏需要？……………………94
50. 如何根据各年龄班幼儿的特点创设互动的美工活动区环境？………96
51. 如何通过表演区的环境促进幼儿表演游戏的开展？…………………98
52. 大型积木区的环境如何创设？…………………………………………100
53. 班级区域活动的场地较小，如何更好地划分区域、投放材料？……102
54. "家园互动栏"应该包括什么内容，怎样吸引家长参与？……………104

过程观察指导篇 /107

55. 在活动过程中，如何激发幼儿与环境材料及同伴间的互动？………108
56. 如何针对幼儿的能力强弱差异进行有效的评价与指导？……………110
57. 在主题活动过程中如何调动全体幼儿的积极性？……………………112
58. 怎样发现和抓住幼儿的兴趣点，并结合目标开展教育活动？………113
59. 小、中、大班幼儿游戏行为的特点是什么？…………………………114
60. 面对幼儿在科学探索中出现的错误操作，教师应如何正确引导？…115
61. 如何投放益智区的玩具才能激发幼儿参与游戏的兴趣？……………116
62. 怎样指导幼儿的益智游戏才能做到引领而不代替？…………………117
63. 如何提高幼儿在建构区的搭建水平？…………………………………119
64. 如何保持幼儿对课间操的兴趣？………………………………………121
65. 如何做好幼小衔接，为幼儿入小学打好基础？………………………122
66. 当幼儿对教师的提问答非所问时，应如何调节与引导？……………124
67. 幼儿很多时候言行不一，教师应该怎样看待这种现象？怎样引导他们？……125
68. 对于有较强攻击性行为的幼儿，教师如何进行引导？………………127
69. 中班幼儿特别爱告状，教师应该怎么办？……………………………128
70. 如何有效培养幼儿的注意力？…………………………………………130
71. 如何对小班的幼儿进行有效提问？……………………………………132
72. 对于性格任性的幼儿，教师应怎样引导？……………………………134

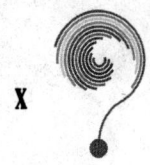

73. 教师如何引导大班幼儿正确看待输赢？ ………………………… 135
74. 对于个别只被动观望他人游戏的幼儿，教师该如何指导？ …… 137
75. 如何指导幼儿的户外体育活动？ ………………………………… 139
76. 如何评价幼儿的游戏？在游戏各环节，教师的指导任务是什么？ …… 140

家园合作联动篇 /144

77. 幼儿园的家长工作都包括哪些形式和内容？ …………………… 145
78. 教师如何指导家长帮助孩子尽快适应幼儿园的生活？ ………… 148
79. 组织家长开放日时应该做好哪些准备？ ………………………… 150
80. 怎样有效利用家庭和社区资源？ ………………………………… 152
81. 怎样指导家长给孩子选购玩具？ ………………………………… 154
82. 家长过度依赖教师的教育怎么办？ ……………………………… 157
83. 如何扭转家长重知识，轻孩子能力、习惯培养的教育观念？ … 158
84. 青年教师如何尽快地在家长面前树立起和老教师一样的威信？ … 159
85. 怎样调动家长参与幼儿园各项活动的积极性？ ………………… 161
86. 怎样吸引男性家长参与幼儿园组织的家长会、亲子活动等？ … 163
87. 如何帮助三代甚至四代同堂的家庭解决教育观念、方法不一致的问题？ …… 164
88. 孩子只爱看电视怎么办？ ………………………………………… 166
89. 如何与不同个性的家长进行沟通？ ……………………………… 167
90. 如何与不同年龄层次的家长进行沟通？ ………………………… 169
91. 家长不信任教师怎么办？ ………………………………………… 171
92. 面对家长在家里负面诱导孩子的行为，教师应该怎样做？ …… 172
93. 幼儿家长因孩子间的纠纷发生争执或者吓唬对方的孩子，教师该怎么办？ …… 174
94. 怎样打消新生家长担心自己的孩子不适应幼儿园的顾虑？ …… 176
95. 孩子之间出现抓伤、咬伤等问题时，应该如何与家长沟通？ … 179
96. 家长不愿意听教师说孩子的问题怎么办？ ……………………… 180
97. 教师与家长的交流有一定的距离感应该怎么办？ ……………… 182

专业能力发展篇 /184

98. 幼儿教师应该具备哪些能力？ …………………………………… 185

99. 在教育过程中，教师如何运用自身技能促进幼儿的成长? ……186
100. 教师如何提高随机教育的能力? ……188
101. 教师怎样提高自己的反思能力? ……189
102. 教师如何提高自己的观察、分析能力? ……190
103. 幼儿教师应掌握的专业技能中，哪一项最为重要? ……192
104. 转岗教师要想尽快提高专业技能水平，该从哪里入手? ……194
105. 幼儿教师一天的教育环节中，哪一个环节最难? ……195
106. 教学活动目标如何体现"既满足幼儿现有的需要，又具有长远价值"? ……197
107. 幼儿园的教育主题应该如何确定，从哪些方面选择内容? ……199
108. 总说教学活动的准备很重要，究竟应该做好哪些准备呢? ……200
109. 有什么好方法可以尽快提高教学活动设计能力? ……201
110. 在教育活动中如何关注幼儿的兴趣，并引导幼儿深入发展呢? ……205
111. 教师的"教育灵感"从哪里来呢? ……207
112. 在教育活动设计与组织阶段，教师如何反思评价活动? ……209
113. 幼儿教师如何平衡工作、学习与生活? ……212
114. 身为班长的教师想事事争先，可是组员不想领那么多任务怎么办? ……213
115. 教师应如何制订有效的学习计划? ……215
116. 对于新教师而言，有哪些方法可以建立自信心? ……217
117. 教师如何制订个人成长计划? ……219
118. 青年教师如何提高自身的写作能力? ……220
119. 到了一个新单位，如何与同班教师相处? ……221
120. 如何与幼儿园领导相处? 怎样让领导了解自己的工作热情和才能? ……223

常规习惯培养篇

　　帮助幼儿养成良好的行为习惯是幼儿教育的重要内容。幼儿园的常规要求，是为了使幼儿尽快适应集体生活而提出来的，是幼儿必须具备的基本能力要求。本篇包括幼儿园常规培养工作初入门、生活常规、游戏常规及学习常规培养四部分内容。幼儿的常规培养和行为习惯指导的前提是在师幼关系平等、和谐的氛围中建立合理的常规。只有教师和幼儿共同参与制定的常规才能实现让幼儿自觉遵守、自我调节、主动发展的目的。

一、幼儿园常规培养工作初入门

1. 幼儿园的常规培养教育包括哪些内容？

幼儿园的常规培养教育是指对幼儿在园一日生活中规则、行为习惯和思想品德的培养教育过程，是贯穿在幼儿园的一日生活中的。在常规培养教育过程中，教师要注意对幼儿进行思想品德教育的渗透，如引导幼儿与同伴友好相处、对他人要懂得文明礼貌、知道爱护公物、学会分享与谦让、学会等待与轮流以及关心、同情他人等，要让幼儿逐步养成良好的品德素养。

如果按照幼儿在园的一日活动内容来划分，幼儿园的常规可以分为生活常规、游戏常规、学习常规三部分。虽然每个幼儿园会根据本园的具体情况对这三部分的常规进行具体的规定，但是大致的内容是相同的。

(1) 生活常规贯穿幼儿在园的一日生活活动中，是根据幼儿园的生活环节制定的活动规则。生活常规一般包括来园、盥洗、饮水、如厕、进餐、午睡、起床、离园等环节的常规。幼儿应该形成的生活常规包括：遵守作息时间，有良好的进餐习惯、睡眠习惯、卫生习惯，有良好的坐、站、走姿势，以及有良好的物品收放习惯等。各年龄班的生活常规根据幼儿的年龄特点和能力水平在具体的要求上有所不同。比如，在中班增加了劳动常规；到了大班，增加了值日、收拾和整理活动的常规。下面是小班幼儿的生活常规：

◆早晨按时入园，在老师的引导下能大声向老师问好；

常规习惯培养篇

◆能够在老师的帮助下整理自己的衣物并把自己的物品放到规定的地方；

◆参加班级的晨间游戏活动和晨间锻炼；

◆三餐和吃午点以前能按照规定的步骤洗手，大、小便后知道洗手；

◆安静进餐，不挑食，自己吃，不撒饭；饭后按要求把碗勺放到指定位置；

◆安静午睡，安静起床，尝试自己穿衣服；

◆离园时拿好自己的物品，向老师道别。

(2) 幼儿园的游戏活动既包括室内游戏和户外体育游戏，也包括个人游戏、小组游戏和集体游戏。幼儿园的游戏常规主要是指这几类游戏的常规。为了保证游戏的顺利进行，教师可以和孩子们一起商议制定游戏常规。下面是中班幼儿的游戏常规：

◆能自己选择游戏活动，并有目的地活动；

◆游戏中遵守游戏规则，遇到问题主动想办法解决；

◆与小伙伴一起玩，能大胆表达与交流；

◆学习轮流按顺序游戏；不经过别人允许，不插手别人的游戏；

◆注意保持安静，不大声喊叫影响他人；

◆爱护玩具，能按照要求有序地收放玩具材料；

◆学习自主解决游戏中的困难与纠纷。

(3) 幼儿园的学习活动包括集体活动、小组活动和个别活动。教师要注意在活动中培养孩子积极的学习态度，以及遵守纪律、认真倾听与交流、敢于大胆表现自己的好习惯。下面是大班幼儿的学习常规：

◆能积极、愉快地参加各种学习活动；

◆认真听讲，积极举手发言，大胆且大声地回答问题；

◆有良好的坐姿、举手姿势、站姿、握笔姿势，懂得用眼卫生；

◆注意倾听教师和同伴的讲话并勇敢地回答问题；

◆大胆探索与尝试，有目的地进行操作；

◆注意观察和学习同伴的经验，积极与大家讨论问题。

在对幼儿进行常规教育的同时，教师要保证幼儿的一日生活是安全的、快乐的、有意义的，要让幼儿获得应有的发展。

（吴海梅）

2. 培养幼儿常规的常用有效方法有哪些？

幼儿是否遵守常规与教师所用的方法有很大关系。方法得当，则事半功倍；方法不当，则适得其反。因此，教师要综合而灵活地运用多种方法，使幼儿在积极、快乐的情绪情感中，建立良好的常规。教师可以尝试的方法包括：

（1）**在环境创设中渗透常规提示。** 教师可以将班级的常规要求用绘画作品、照片、图示、文字符号等形式展现在幼儿的活动环境中，提示幼儿遵守常规。例如：幼儿进餐后常常忘记需要做的事情，面对这种情况，教师可以将摆放餐具、进餐、漱口、擦嘴等几件事情用照片记录下来，张贴在教室的墙面上，从而提示幼儿按顺序做事。

（2）**强化幼儿的良好常规。** 教师要通过及时的表扬和鼓励，对幼儿良好的行为进行强化，使幼儿感受到自己的优点和进步，使其良好的行为得到巩固和发扬。例如：有的小班幼儿初入园时总是让老师喂饭，不肯自己动手。当教师一发现这类幼儿有自己吃饭的行为时，就及时在集体面前表扬他们，还可以送给他们一些小礼物，以强化其良好行为。

（3）**和幼儿一起制定常规。** 针对班级常规中存在的问题，教师要和幼

常规习惯培养篇

儿共同分析、讨论、制定常规。此方法比较适合中、大班幼儿。例如：户外活动上、下楼时，幼儿会大声喧哗、推推挤挤。教师针对这个问题和幼儿一起分析其中存在的危险，共同制定上、下楼的常规要求：一个跟着一个走；靠一边走；手扶着栏杆眼看着地面；不急不挤。

(4) **通过生动形象的故事、儿歌灵活地规范班级常规**。比如，在引导幼儿轻轻走路时，教师可以带领他们一起学习小花猫。教师边做动作边说儿歌："走路要学小花猫，脚步轻轻静悄悄，别人做事不打扰，大家夸我好宝宝。"幼儿爱模仿的特点在愉快的儿歌氛围中被激发出来，这时，教师便可以告诉幼儿："走路的时候我们也要像小花猫一样轻轻的，不跺脚、不蹦跳，做个好宝宝。"在这样的引导下，幼儿便知道了应该如何走路。

(5) **用游戏激发幼儿学习常规**。根据幼儿喜欢游戏的特点，教师可以用游戏的形式或采用游戏的口吻激发幼儿学习常规，把对幼儿的要求转化为幼儿的内部需求，从"你必须这样"转化为"我要这样"。比如，小班的幼儿非常喜欢游戏情境，在情境中他们会不自觉地融入角色。因此，在培养幼儿形成收拾玩具的意识时，教师可以用"送玩具宝宝回家"这一游戏完成。比如引导幼儿边收拾玩具边说："小玩具，要回家（把桌上的玩具放回玩具筐里），黄筐住楼上（玩具柜第一层贴上黄色标志，中间一层贴上红色标志，最下面贴上蓝色标志），红筐住中间，蓝筐住在最下边。"

(6) **用拟人的语言引导幼儿习得常规**。这种方法比较适合年龄小的幼儿。教师利用生动形象的拟人化的语言，引导幼儿理解常规，遵守常规。例如：在培养小班幼儿的进餐常规时，教师发现幼儿不爱吃青菜，于是便将吃青菜说成："小白兔最爱吃青菜，多吃青菜最可爱。"

(7) **榜样的力量是无穷的**。根据幼儿"爱模仿"的年龄特点，教师可以强化某些幼儿的正确行为，以激励其他幼儿以他们为榜样。例如：教师对认真洗手的幼儿进行表扬和鼓励,希望其他幼儿向他们学习,也要认真洗手。好榜样还可以是父母、教师或者是幼儿喜欢的文艺作品中的某个形象等。

(8) **家庭与幼儿园同步培养**。教师可以通过家长会、班级教育博客等家园沟通的渠道,让家长了解幼儿园的一日常规以及幼儿常规、行为习惯培养的正确方法;还可以通过家庭教育讲座、教子经验交流会、专家咨询等活动让家长学习科学育儿的知识和方法,避免家长在家庭中过度保护幼儿和包办代替,鼓励家长让幼儿进行自理、自立行为的尝试。

总之,常规教育就是帮助幼儿学会遵守集体生活规则,逐渐地从他律向自律发展,也就是从服从别人管理发展到自我管理。常规教育的目的是促进幼儿的社会化发展。教师要结合幼儿的实际情况,运用多种方式持之以恒地、灵活地促进幼儿常规的养成。

(吴海梅　张艳冬)

3. 什么是"弹性常规"?怎样随幼儿的需要有效调节常规?

"弹性常规"是指在对幼儿进行常规培养时不搞一刀切,尊重幼儿的差异性,强调更人性化、科学化的管理。

《幼儿园教育指导纲要(试行)》(简称《纲要》)指出:"根据幼儿的需要建立科学的生活常规。"为了将这个精神落到实处,幼儿园在日常生活中的每一个环节都有明确的内容和具体的要求。但由于每个幼儿的个性和原有的学习经验不同,同样的教育在每个幼儿身上产生的效果也是不一样的,因此片面追求"整齐划一"的常规要求显然是不切合实际的。如果不顾幼儿的个体差异强硬地执行这些要求,就会使常规不能成为"常规",只能产

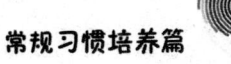

生一些短期的效果,甚至会给幼儿心理上造成不良的影响。

合理的常规要求是幼儿健康发展的保证。在生活常规中,有这样一条进餐要求:"不剩饭菜,咽下最后一口饭菜后再离开桌子送回餐具。"可是,有的幼儿确实饭量小,特别是小班的幼儿或者刚入园的幼儿,他们可能对幼儿园饭菜的口味还没完全适应,有时候可能真的吃不完。如果教师硬性要求他们必须吃完,有的幼儿可能会强忍着吃下去,但会在心理上留下阴影导致以后害怕在幼儿园吃饭;有的幼儿还可能会有呕吐现象。

常规培养的目的不是限制幼儿,而是为了促进幼儿的发展。同一个活动内容,对不同年龄的孩子的要求就不一样。比如玩玩具,小班的常规要求是:游戏时爱护玩具,轻拿轻放,玩完后放回原处;中班的要求是:能和同伴玩一种玩具,会轮流玩,知道玩别人玩具时要征求别人的同意,玩完后整齐地放回原处;而大班的要求是:爱护玩具,轻拿轻放,玩完后整齐地放回原处,并能将损坏的玩具与教师一起修补好。对于小班幼儿,常规教育的重点应立足于帮助幼儿完成家庭到幼儿园生活的过渡;对于中班的幼儿,常规教育的重点应从帮助幼儿适应幼儿园生活转变为让幼儿学会与其他幼儿和谐共处;对于大班的幼儿,常规教育的重心要放在培养幼儿对认知活动的自控能力上,帮助他们理解和内化规则。常规培养中,教师对幼儿行为的监督和控制应随幼儿年龄的增长而减少。

《纲要》明确指出:"建立良好的常规,避免不必要的管理行为,逐步引导幼儿学习自我管理。"把常规要求变成幼儿自己的需要是常规培养的最高境界。有人说,我们不能把常规当成钉在孩子身上的钉子,而要把常规变成种在孩子心田上的种子。我们不能总是刻意地去提醒、督促幼儿遵守常规,而是要把常规本身看成是幼儿主体意识的觉醒。和其它教育教学活动一样,常规培养也不能忽视幼儿的主体性和主动性。特别是到了中、大班,孩子们的个性更加鲜明了,他们有了明确的行为意识。此时,教师应该引导幼儿学习商讨、制定班级常规,并自觉遵守,逐渐形成自主管理模式。比如，引导幼儿讨论喝水时应注意什么、户外活动时要怎么做、如厕后怎么做等，让幼儿参与制定这些常规，并把幼儿的讨论结果物化在班级环境中，以便于幼儿每天看着常规要求进行自我管理和互相约束。

但弹性管理并不意味着放松要求，尤其是对于那些关系到幼儿身体健康的常规，如生活常规中的正确洗手的方法和步骤等，这类常规看似很繁琐，但因为幼儿的身体发育尚不成熟，抵抗力较差，如果不注意卫生他们就很容易感染疾病，因此，这类的常规要求不能打折。

总之，在幼儿园的常规教育中，教师应站在尊重幼儿、有利于幼儿长远发展的角度，进行人性化、科学化的常规教育和常规管理。

(韦晓玲)

4. 常见的常规儿歌有哪些？培养幼儿常规的儿歌怎样编写？

儿歌这种教育形式，在幼儿园的教育中是必不可少的。它形象生动、短小精练，适用范围广，尤其是在常规培养当中，能够帮助幼儿生动准确地记忆常规要求和回忆常规要求。它是教师工作中的好帮手、孩子们生活中的好伙伴。在常见的常规儿歌中，有关生活常规的儿歌比较多，如《洗手歌》、《刷牙歌》、《喝水歌》、《排队歌》等；有关游戏常规的儿歌有《滑滑梯》、《大火车》等；有关学习常规的儿歌有《小板凳》、《小画笔》等。除了现成的儿歌，教师也可以根据自己班级幼儿的情况和培养的需要，编写一些儿歌。

在编写儿歌时，教师要注意以下几点：

(1) **童趣性强**。给幼儿园的小朋友编写的常规儿歌，首先要充满童趣，让幼儿从心理上先接受并喜爱。例如，在指导小班幼儿喝水时，教师编写

了儿歌:"小水杯,大耳朵,握在手里把水喝,咕咚咕咚喝一杯,身体健康笑呵呵。"在这首儿歌中,教师把水杯把儿形象地比喻成大耳朵,让小朋友能够清晰地感受到小水杯的生命力和卡通趣味,进而能够准确地掌握握水杯的位置,顺利地引导幼儿从握水壶、握奶瓶过渡到握杯子,帮助幼儿学会正确的喝水方法。

(2) **儿歌短小,语言简单、易懂,指导性强**。再以指导小班幼儿喝水时教师编写的儿歌为例。在这首儿歌中,教师明确地指出"咕咚咕咚喝一杯",既声情并茂地描述了幼儿喝水时的状态,又提示了幼儿饮水量的多少。此外,在小班幼儿喝水的时候,还可以引导他们听一听"咕咚咕咚"的声音,以增加喝水的趣味性。

在编写中、大班幼儿使用的儿歌时,就更要强调它的指导性与提示性了。例如,在指导中班幼儿学习刷牙时,教师编写了儿歌:"小牙刷,手中拿,每天早晚把牙刷。上牙往下刷,下牙往上刷,里面牙齿来回刷,刷出健康小白牙。"为了降低幼儿的龋齿发病率,很多幼儿园从中班开始,就要求幼儿饭后刷牙。把正确刷牙的方法编进儿歌中,幼儿就能够在儿歌的提示下,掌握正确刷牙的方法。儿歌的指导性在这里是显而易见的。

(3) **邀请幼儿一起创编儿歌**。大班幼儿更加喜欢参与富有挑战性和创造性的活动。教师在创编儿歌时,可以邀请大班幼儿一起参与。比如,教师指导幼儿创编讲卫生的儿歌时,可以先引导幼儿说说有哪些好的卫生习惯,也可以引导幼儿通过看图片,根据图片的内容总结一句儿歌。接下来,把大家讨论的结果或创编的儿歌连起来,套用一定的句式就形成了完整的拍手儿歌。然后,带领大班幼儿在拍手游戏中,边念儿歌,边把生活中的卫生常识记下来。因为又要背诵儿歌,又要记得拍手的动作,难度加大,幼儿的好胜心被调动起来,从而更用心地记忆儿歌。同时,教师也要鼓励幼儿将一些生活常规带回家、带回社区,与家人和邻居共同分享,使儿歌的教育价值最大化。

附：儿歌

拍手歌

你拍一，我拍一，早睡早起练身体。你拍二，我拍二，天天都要带手绢。
你拍三，我拍三，洗澡以后换衬衫。你拍四，我拍四，消灭苍蝇和蚊子。
你拍五，我拍五，有痰不要随地吐。你拍六，我拍六，瓜皮果核不乱丢。
你拍七，我拍七，吃饭细嚼别着急。你拍八，我拍八，勤剪指甲常刷牙。
你拍九，我拍九，吃饭以前要洗手。你拍十，我拍十，脏的东西我不吃。

（王春燕）

5. 如何在培养幼儿良好常规的同时满足幼儿的个性化需求？

常规要求和发挥幼儿自主性之间并不矛盾。我们常说，"没有规矩，不成方圆"，幼儿园规则的建立是集体教育幼儿的需要，同时有益于促进幼儿身心健康发展，促进幼儿生活和活动能力的提高。而发挥幼儿的自主性不是幼儿想干什么都行，也是有限度的，要以幼儿的健康成长为基础，以有利于幼儿发展为前提。

那么，怎样让常规培养满足幼儿的个性化需求呢？首先，我们在制定幼儿的常规时要考虑哪些规则在有利于幼儿发展的基础上是可以有自主性空间的，哪些规则如果让幼儿自主了就会影响幼儿的健康成长。例如，在洗手的环节，要求幼儿按照正确的方法、步骤洗手，使幼儿养成基本的卫生习惯。这个环节就不适合发挥幼儿的自主性。而在洗手之前的环节中，有的幼儿游戏完成了可以选择先洗手，而游戏没有结束的幼儿可以选择后

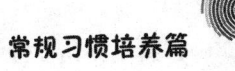

洗手,而不是"一刀切",都要让他们按照教师统一的要求去做。这个环节可以给幼儿自主的空间。

遇到特殊情况,教师也要特殊对待。允许幼儿在一定的限度范围内进行自主选择,非但不会破坏幼儿行为习惯的一致性,反而会让幼儿更加理解规则的重要性,更加有责任感。例如,在一次制作恐龙模型的教学活动中,有个小组的恐龙做得非常复杂,眼看要成功了,上操的预备音乐响了。孩子们用渴求的目光看着老师,和老师商量能不能允许他们做完再去上操。教师和其他小朋友商议后答应了。这个小组随后用最快的速度做完,然后迅速跑到楼下,自动站在队尾,加入到做操的活动中。那天他们的操节动作最标准,神情最投入。

在常规培养的过程中,适时满足幼儿的个性化需求,让幼儿感受到遵守规则的乐趣,更容易把规则内化为幼儿的活动需求。这才是我们进行常规培养的最终目的。

(吴海梅)

6. 培养幼儿常规的常见环节过渡游戏有哪些?

幼儿园的一日生活可分成生活活动、游戏活动、教学活动、户外体育活动四类活动。活动之间都需要承上启下的过渡。根据幼儿园的一日活动,常见的几个过渡环节包括:来、离园环节、活动区游戏与教育活动间的整理环节、户外活动后与进餐环节间的整理环节以及午睡前后的整理环节。

(1)来、离园环节。这两个环节是幼儿在幼儿园一天生活开始和结束的环节。在这两个环节,教师可以组织很多丰富多彩的室内、外游戏活动,让孩子们高高兴兴地来园，快快乐乐地回家。

◆针对来园环节，教师不但要关注孩子的身体状况，进行细心的晨检，更要给予幼儿充足的自主游戏的机会。比如：针对中、大班幼儿自主性强的特点，我们可以组织他们照顾自然角，让他们记录下植物的生长情况；也可以组织他们做一些区域活动前的准备工作。比如，整理美术区的活动材料，帮建构区铺好垫子；还可以让他们担任小值日生，记录天气预报、登记自己和小伙伴的考勤情况等。

◆在离园环节，在帮助孩子们整理好自己的衣服和物品的同时，教师还要关注每个幼儿的情绪和身体状况。此时，教师可以安排幼儿做一些既放松身心又易收放玩具材料的游戏，如翻绳游戏、拼图游戏、折纸游戏、捏泥游戏等。

(2) 活动区游戏与教育活动间的整理环节。因为幼儿整理玩具的速度不一，每天的区域游戏结束时，经常是动作快的幼儿等动作慢的，先收完的幼儿等没收完的。为了避免这种情况发生，教师可以尝试采取以下措施：

◆巧妙利用音乐调控幼儿整理玩具的速度。在收拾整理环节，教师可以播放一些节奏轻快、长短适中、有助于幼儿集中注意力的音乐，如《棉花糖》、《小宝贝》等。这类音乐要能给幼儿足够的时间做事，而又不拖拉。它们犹如一个信号，幼儿听到它们时，就知道要收拾玩具了。此外，我们还要尊重每个幼儿的需要，适当延长或缩短音乐的播放时间。最后，根据幼儿的完成情况结束音乐。

◆巧妙利用音乐调适幼儿的心情。从相对自由、自主的区域活动，进入到要求和限制相对较多的集体活动，幼儿的心情可能无法完全沉淀下来。为了帮助幼儿尽快过渡到下一个环节，在整理活动结束后，教师可以播放一些轻松、舒缓的音乐，如《彩虹糖的梦》、《安妮的仙境》、《柔如彩虹》等，让幼儿安静下来。

◆利用环境互动游戏,缓解等待的焦虑。幼儿收拾玩具时的等待现象很多,让幼儿根据自己的需要主动选择活动内容、减少等待是教师们经常面对的问题。教师可以利用废旧物在墙面和窗台上设置互动性的游戏材料。例如,在中班墙壁上摆放豆子和筷子,让幼儿玩练习使用筷子的夹豆游戏;在大班墙壁上安放成语接龙磁力板;在小班墙壁上,粘贴用无纺布和尼龙搭扣制作的水果,让幼儿玩点数1—5的摘水果游戏。这些游戏易于收放,可以让孩子们听到回座位的音乐信号后,快速地收好玩具回到座位上。

(3) 户外活动后与进餐环节间的整理环节。在这个环节,教师又应该怎么做呢?

◆分小组活动,缓解幼儿活动后的疲劳。餐前的盥洗是必不可少的程序。让幼儿分小组进行盥洗,既可以帮助幼儿陆续进入到进餐前的情绪稳定状态,又能让他们放松身心,舒缓户外活动带来的疲劳。

◆交流分享游戏,减少幼儿的等待。教师可以组织的游戏包括:积塑玩具拼插游戏——请幼儿介绍自己的玩具,与同伴协商玩,或交换玩具玩;"新闻袋袋裤"游戏——请幼儿讲述自己的新发现和新信息,使幼儿在交往中获得语言运用能力的提高,"故事王大会"——请幼儿讲述自己感兴趣的故事,与同伴分享交流。集体游戏比较适合小班幼儿,可以组织小班幼儿进行音乐律动和手指游戏,这样孩子洗干净的手也不会再次被弄脏。

(4) 午睡前后的整理环节。午睡前,在帮助幼儿做好午睡的所有准备工作的同时,还可以播放一些节奏舒缓的乐曲、儿歌或小故事,让幼儿在不知不觉中,在安静的、轻松的环境中倾听,舒缓浮躁的心情,帮助幼儿尽快进入梦乡。此方法还可安排在起床后、散步、喝水或自选游戏环节中。

(张颖)

7. 在过渡环节培养幼儿的常规应该注意什么？

在过渡环节中，教师在对幼儿进行常规培养时，应该注意哪些问题呢？

（1）**应减少过多的控制和干预，满足幼儿在园生活时生理和心理的需求。** 如何使过渡环节更加有价值、更充实，更体现孩子的个性呢？教师减少对过渡环节的控制和干预是关键。在过渡环节中，教师应该帮助幼儿明确最应该做的事情是什么、可以自由做的事情是什么，然后给幼儿选择的机会。例如：在区域游戏结束后的整理玩具环节，收拾玩具、如厕、喝水这三件事情是幼儿必做的。如果还有时间，他们可以看看自然角的植物和积木区搭建的作品，可以和伙伴聊聊天，也可以玩自己带来的玩具，这就给了幼儿自我选择的空间，让他们学会自己把握时间，满足自己的需求。

（2）**调整过渡环节的时间，体现对幼儿的尊重。** 在幼儿园的一日生活中，教师要学会弹性地调整过渡环节的时间。比如，在操作性较强的教育活动结束后，整理的时间就应增加。然后，教师再根据孩子的收拾整理的速度，逐步提高常规要求。

（3）**邀请幼儿一起制定活动规则。** 比如，收拾玩具时，有些区域（如建构区、表演区）的幼儿总是动作比较慢，怎么办呢？教师可以组织孩子们针对"某些活动区整理工作比较慢"这个问题展开讨论，然后制定合理的规则解决问题。这样的常规实施起来更能以理服人，同时也增强了幼儿遵守常规的自觉性。

（张颖）

8. 怎样做好升级到新班的幼儿的常规培养衔接工作？

第一，要把握哪些是固定的常规要求，不能轻易改变它们。 常规培养是有延续性的，不能按照年龄班割裂开来，不能降低幼儿已经形成的常规要求，尤其是那些最基本的关系儿童健康的常规要求，只是随着幼儿发展能力和水平的不同，对幼儿的常规培养侧重点不同。例如，洗手环节在不同的年龄阶段有不同的培养侧重点，但是正确洗手的方法则一直沿用到中、大班。

第二，给幼儿一个适应和缓冲的时间，常规调整一步步来，慢慢地增加难度。 比如，在洗手环节，要求小班幼儿要能在教师的帮助下学会正确的洗手方法；中、大班幼儿要能够自己挽好衣袖，熟练地掌握洗手方法，在手脏时自觉地洗手。又如在进餐环节，小班幼儿进餐常规的重点为：学习一手扶碗，一手拿勺自己吃饭；会干稀、主副食搭配着吃，不掉饭菜。中、大班幼儿进餐常规的重点为：自己取餐，尝试自己添餐；学习正确使用筷子；进餐时会干稀、主副食搭配着吃，不挑食、不剩饭；保持餐具、桌面、衣服整洁。

第三，保证常规要求的一致性。 班级的所有教师都要明确幼儿园制定的幼儿常规培养的内容与要求，再根据幼儿的年龄特点进行持之以恒的培养。除了同一班级的教师常规要求要一致外，每天上下午相同环节的常规要求也要尽可能一致。只有这样，幼儿才能尽快适应新的常规要求。

附：正确洗手方法

六步洗手法

（1）卷袖子，打开水龙头，冲湿手心和手背。

（2）关上水龙头，拿起香皂在手心搓至少三下，放下香皂，搓手心、手背、手指、手腕。

（3）用手臂推开水龙头，边搓边冲，将手上的香皂沫冲干净。

（4）关上水龙头，双手合起，在水池前甩三下。

（5）取下并打开小毛巾，擦手心、手背。

（6）挂好小毛巾。

（吴海梅）

9．怎样尽快改进新接的常规不好的班级？

好习惯的形成是需要时间的，纠正幼儿之前已有的不良习惯使之形成新的习惯则需要更长时间的练习与巩固。这要求教师要有极大的耐心和持之以恒的努力。

（1）**教师首先要通过细致耐心的观察，了解新接班级的常规状况**：是所有幼儿的常规都有问题，还是个别幼儿的常规有问题；是各环节的常规都不好，还是某个环节出现了问题。找到具体问题后，再分析产生问题的原因，之后才能有针对性地制定常规培养的方法和策略。

◆如果各个环节的常规都有问题，教师就要反思所制定的幼儿一日常规是否出现了问题，是否符合幼儿的年龄发展水平。其次，要看一下同一班级的所有教师在教授常规和巩固常规时是否坚持一致。如果制定的常规要求高于幼儿的年龄发展水平，幼儿会接受不了；如果班中的几位教师常

规要求不一致：有的教师检查得细致，有的教师没有坚持检查和提示，容易形成幼儿在有检查时就按照常规要求做，没检查就不做的现象。这些都会造成幼儿在一日常规的各个环节都存在问题。因此，教师在制定常规时，一定要考虑本班幼儿的年龄发展水平；在执行常规时，同一班级的所有教师要相互配合，要求一致。

◆如果是某一个环节的常规出现问题，就要分析是全体幼儿都出现了问题，还是只有个别幼儿做不好。以小班洗手环节为例，如果是全体幼儿都不能按照正确的方法洗手，教师就要找找自己的原因：是在教授时给予了不正确的指导、示范得不够明确，还是检查巩固的程度不够，使全体幼儿没有形成固定的习惯？如果个别幼儿洗手方法不正确，有可能是这名幼儿对洗手的方法一时不能理解，需要更多次的练习。同时，教师还要了解幼儿在家中洗手的情况，因为家庭的习惯和要求也会影响幼儿好习惯的养成。

(2) 教师还应根据幼儿的不同年龄考虑运用不同的方法。如果你接的是小班，常规出问题是很自然的，因为小班幼儿还处在常规的重点培养阶段，教师只要坚持正面的引导，采取适合小班幼儿年龄特点的巩固和强化常规的方法就能够使幼儿养成良好的习惯。还以小班洗手常规的培养为例，教师除了做出正确、清晰的示范，还应采用儿歌帮助幼儿记住洗手的步骤；利用游戏、故事激发幼儿学习洗手的愿望；当幼儿能正确地洗手时，用鼓励的话语和动作肯定幼儿的行为。

如果你接的班级是中、大班，可以和幼儿一起讨论常规中出现的问题，引导幼儿和教师一起制定新的规则。教师要带头执行，并指导幼儿互相监督。幼儿更乐于接受自己参与制定的规则，对于之前常规中的问题也能够尽快地改正。

（吴海梅）

10．在幼儿入托初期如何有效而迅速地培养他们的常规？

入托初期，幼儿受分离焦虑情绪的影响，表现出情绪不稳定的状态，对教师提出的常规要求往往听不见也记不住。此时，幼儿需要的是情绪的安抚和找到依赖感、安全感，以帮助他们度过分离焦虑期。因此，建议教师不要操之过急，给幼儿一段过渡期，在幼儿对教师和幼儿园产生熟悉感和安全感后再开始进行常规的培养。

具体做法一：可以按照先个人再集体的顺序进行，效果比较好。 在过渡期内（一般1～2周），观察每名幼儿的情绪变化。对于分离焦虑不严重的幼儿，可以先指导他们进行洗手、拿自己的毛巾和水杯、自己用饭勺吃饭等基本的生活自理活动。如果幼儿能够做到，要鼓励和表扬他们，激发这些行为持续下去。之后，随着越来越多的幼儿情绪趋于平稳、能够参加集体活动和集体游戏，教师就可以开展一些关于常规和习惯培养的游戏和活动了。

具体做法二：常规培养的内容要循序渐进，逐渐增加，不能一步到位。 幼儿刚来幼儿园，还不习惯集体活动的约束。如果一下子提出太多要求，幼儿记不住也接受不了，会造成幼儿的挫折感和不爱来幼儿园的不良情绪。教师可以从培养幼儿基本的卫生习惯入手，再逐渐延伸到整理玩具的游戏习惯，再到认真倾听的学习习惯。

具体做法三：取得幼儿家长的支持很关键。 教师对入托初期的幼儿进行常规培养教育一定要取得幼儿家长的支持。入园前要与幼儿家长沟通，让家长了解幼儿园的一日活动，了解幼儿常规培养的具体内容，并在家中尝试练习，为幼儿入园做准备。在入园以后，教师要提醒家长在家庭生活中注意幼儿行为习惯的培养，保持和幼儿园的态度、步调一致。

具体做法四：常规培养的内容要游戏化。 学前儿童具有认知靠动作、爱模仿、以形象思维为主、常把无生命的物体当做人以及把假想当做现实的年龄特点，这就要求常规培养必须要游戏化，才能调动幼儿的主动性和积极性。比如，培养幼儿正确使用小勺独立进餐时，教师可以在游戏区中准备大小、颜色和材质不同的勺子、塑料食物、动物玩偶、布娃娃等，吸引幼儿用"喂喂小动物"或"喂娃娃"的游戏练习进餐技能。在进餐环节，教师还可以给幼儿讲类似《大公鸡和漏嘴巴》的故事，告诉幼儿吃饭时不要掉饭。

附：故事

大公鸡和漏嘴巴

一只大公鸡在院子里走来走去，这里啄啄，那里啄啄，找不到虫子吃，急得"咕咕咕咕"地叫。

小弟弟捧着饭碗，坐在院子里吃饭。他一边吃一边瞧着花蝴蝶飞来飞去，饭粒撒了一身，撒了一地。

大公鸡看见了，可高兴了。它连忙跑了过去，嘴里嚷着："好运气，好运气！今天碰到一个漏嘴巴的小弟弟。"

大公鸡跑到小弟弟身边，啄起地上的饭粒来，"哆哆哆"，啄得可快了。真好玩！小弟弟越看越高兴，连饭也忘记吃了。

一会儿，大公鸡把撒在地上的饭粒吃光了。它还没有吃饱呢。大公鸡抬起头看了看，哇，小弟弟的裤子上也有饭粒，于是就来啄小弟弟的裤子了。

小弟弟说："大公鸡，大公鸡，你怎么啄我呀？"

大公鸡说："小弟弟，小弟弟，我不是啄你，我是啄饭粒呢！"

一会儿，大公鸡把撒在小弟弟裤子上的饭粒吃光了。它还没有吃饱呢。大公鸡抬起头看了看，哇，小弟弟的衣服上也有饭粒，于是就来啄小弟弟的衣服。

小弟弟说："大公鸡，大公鸡，你怎么啄我呀？"

大公鸡说："小弟弟，小弟弟，谁啄你了，我是啄饭粒呢！"

一会儿，大公鸡把撒在小弟弟衣服上的饭粒吃光了。它还没有吃饱呢。大公鸡抬起头看了看，哇，小弟弟嘴巴旁边有一粒饭，于是就来啄小弟弟的嘴巴。

小弟弟害怕了，端起饭碗就跑："大公鸡，大公鸡，别啄我，别啄我！"

大公鸡说："小弟弟，小弟弟，别跑，别跑，我不啄你，我不啄你，你嘴巴旁边有饭粒，让我吃了它！"

大公鸡张开金翅膀一跳，跳到小弟弟的肩膀上，朝着他嘴巴上的饭粒，"哆"地啄了一下。

小弟弟哭了起来："奶奶来呀，奶奶来呀！"

大公鸡可高兴呢，它说："小弟弟是个漏嘴巴，掉下饭来让我吃得乐呵呵。"

奶奶来了，小弟弟问奶奶："奶奶，我的嘴巴漏吗？"

奶奶说："傻孩子，哪有漏嘴巴呀！是你吃饭的时候，东看看，西瞧瞧，把饭都撒了。"

奶奶又给小弟弟盛了半碗饭："快吃，快吃，可别再撒了。"

小弟弟端着饭碗吃饭。大公鸡又来了，它说："我还没有吃饱呢，漏嘴巴，漏嘴巴，撒点儿饭给我吃呀！"

大公鸡等呀，等呀，怎么了？一粒饭也没有吃到。哦，小弟弟这回吃饭，可不东看看西瞧瞧了！

小弟弟把饭吃得干干净净，拿着空碗让大公鸡瞧了瞧，对它说："我是好弟弟，不是漏嘴巴。"大公鸡没有办法，只好耷拉着脑袋，去找虫子吃了。

(吴海梅)

11. 怎样培养托班幼儿的常规更有效？

托班幼儿年龄小，可塑性很强，容易接受成人对他们的行为训练。成人只要采用适宜的方法对他们进行科学的、及时的教育和培养，他们就会形成好的常规习惯。而从小养成的良好常规习惯，将会让幼儿受益终生。

具体的方法有：

(1) 榜样法。 首先，教师在教育中的榜样作用是巨大的，对幼儿的成长起着潜移默化的作用。前苏联领导人加里宁说过这样一段话："教师每天仿佛都蹲在一面镜子前，外面有几百双精细的、富于敏感的、善于窥伺出教师优缺点的孩子的眼睛，不断地盯着……"因此，教师必须十分注意自身的修养，严格要求自己，把做人与育人统一起来，时时处处做幼儿的良好榜样，去感召幼儿、启迪幼儿。比如，教师经常表现出喜欢吃胡萝卜的样子，就会引起幼儿的模仿行为，使得那些不太爱吃胡萝卜的幼儿也学着吃。第二，幼儿的榜样作用。教师要善于发现表现良好的幼儿，并通过表扬来强化幼儿的这些积极的行为。孩子们都有期待得到教师的肯定和爱模仿的特点，同伴的影响也会促进幼儿良好常规的养成。

(2) 情感法。 教师要和幼儿建立深厚的感情，这是培养幼儿良好常规的前提。托班幼儿更需要教师的关爱。教师的关心和体贴，会让他们在心理上感到安全、情感上得到满足，进而在教师和幼儿之间建立一种深厚的感情基础。比如，托班幼儿年龄小，自理能力差，有的幼儿大、小便不会脱裤子、提裤子，教师要反复地帮助他们；有的幼儿把大、小便弄在身上，教师要毫不嫌弃地帮助他们换衣服、洗衣服；遇到情绪不稳定的幼儿，教师要更加耐心细致地照顾他们。有了这种感情基础，教师就可以科学、灵活、有效地对幼儿进行教育，培养他们形成良好的常规。

(3) 玩具材料练习法。 单纯的说教对于幼儿来说是无用的，理解必须建立在他们已有经验的基础上。因此，在发展幼儿的某种能力时，教师可以先给他们提供一些材料让他们练习。比如，让托班幼儿学会叠衣服是一个难题。针对这个问题，教师可以用硬纸板制作玩具衣服——袖子和肩是用绳子连接起来的，衣身中间是可以折叠的——让幼儿练习叠衣服。同时，还有叠衣服的儿歌——"你抱我，我抱你，两只袖子对折好，最后再来弯弯腰，漂亮的衣服就叠好"，让幼儿边念儿歌边叠。经过一段时间的练习，幼儿很快就能掌握叠衣服的方法。

(4) 情境游戏法。 幼儿的思维是具体形象的，形象的角色模仿游戏是幼儿感兴趣的活动。在常规培养中，增强游戏性能够达到较好的效果。比如，午餐后的散步是有利于幼儿身体健康的活动，但幼儿活泼好动，在散步时常发生追跑现象，教师一再提醒幼儿，但收效甚微。这时，教师可以换一种方法，对他们说："咱们来学小乌龟走路好吗？"相信幼儿会特别感兴趣。此外，教师还可以引导幼儿模仿小蜗牛走路、小猫走路等。在幼儿眼里，这不是在散步而是在游戏。此外，教师生动的角色语言同样能够营造出幼儿感兴趣的情境，提高幼儿常规培养的有效性。比如，幼儿挑食不爱吃苹果，教师可以在幼儿吃苹果时说："大老虎的嘴巴张得大大的，一咬苹果还发出咔嚓的声音。看看哪个小朋友像大老虎，也能让我听到咔嚓咔嚓的声音？"在教师的引导下，幼儿就像一只只小老虎，大口吃完了苹果。

(5) 家园协作法。 对幼儿的常规培养要重视家园配合。托班幼儿的家长特别担心幼儿的生活起居。教师要充分利用家长的关注，在家长会和家长早、晚接送孩子的时候,多让家长了解幼儿在园的生活和幼儿园的各项常规要求,取得家长的信任与支持,让家长在家中也能培养幼儿饭前洗手、饭后漱口、擦嘴等习惯。把常规培养延续到家庭中,这样才能使幼儿养成良好、稳定的常规。

(郭慧芬)

12. 应该怎样教育总是不遵守常规的孩子?

对于总是不遵守常规的孩子,教师在教育的过程中不要操之过急,一定要认真观察孩子的表现,结合儿童心理学以及孩子的家庭环境等对孩子做一个比较全面的分析,然后再根据孩子的不同个性进行有针对性的教育。

(1) **针对能力不足型的幼儿**。教师一定要与这类幼儿的家长联系,了解原因。个别家长对孩子娇惯,替代较多,导致孩子不会自己穿衣服,不会自己吃饭。这是家长在育儿方面存在的误区。教师要建议家长多给孩子自己吃饭、独立如厕、自我整理物品的机会,使家长了解娇惯和替代对孩子成长的不良影响。教师要为家长提出具体的、培养幼儿自理能力的方法。比如游戏法,即家长蒙住眼睛,对孩子说:"看看我数到10,你能不能穿好衣服,预备——开始!"再比如鼓励法,即让家长对孩子说:"哎呀,玩具都掉在地上了,怎么办呀?你能帮助妈妈吗?咱们两人一起收,看谁快!"

(2) **针对明知故犯的幼儿**。这类幼儿在做自己想做的事情时,总是从自我出发,明知常规而不遵守。比如:该收玩具时,看到自己的楼房还没搭建完,就不顾教师的提醒,继续搭建。如果搭建时缺少积木,他们还会到别人已经搭建好的作品上拿,而不管别人的作品是否被碰倒。遇到这样的孩子,教师不妨问问他们的需要,提出适宜的建议,比如:"先去做操,回来后再接着搭吧,让大家都等着你不太好吧?我相信你一定会和大家一起的。"还可以让他们试着感受作品被侵犯的孩子的感受:"看他哭得多伤心,如果你的积木被碰倒也会伤心吧?我和你一起去道歉好吗?"还可以让这样的孩子来当常规的维持者,这样他们的常规意识会慢慢增强。

(3) 针对精力旺盛的幼儿。这类幼儿总是动个不停,毛手毛脚,经常发生打翻饭碗、弄撒颜料、碰倒积木的事情,而且往往不经别人允许就动手参与别人的活动。对于这类幼儿,教师一定要在活动前申明要求,在活动中观察他们的行为,在问题出现以前再次提示,比如:"想想玩具应该收到哪里,看看小朋友们都把盘子和碗放到什么地方了,哪一个在上面?"也可以为他们设计一些需要消耗较多体能的游戏,如"小猪运西瓜(皮球)",以帮助他们宣泄多余的精力。还可以让他们做些细致的工作,以锻炼他们的细心和控制能力,如帮助收拾美术活动后的颜料(需要把每桌的颜料倒入到一个大的瓶子里,再把小碗洗净)、把积木按照形状收到积木柜子里等。

(4) 针对故意调皮的幼儿。这类幼儿往往会用违反常规来引起教师的注意,期待老师在任何时候都关注自己。对于这类幼儿,教师可以适当地运用"冷处理"这一手段。比如毛毛(大班)总是在做操时乱抡胳膊、扭屁股、做鬼脸,教师可以向全班小朋友发出号召,请大家不要向他学,暂时孤立毛毛一下,让他知道老师和小朋友们都不喜欢调皮的孩子。大班的幼儿非常在意同伴对他的看法,当他觉得这样做没意思、缺少了朋友的时候,自然地就会遵守常规了。

对于总是不遵守常规的孩子,作为教师,我们一定要学会宽容,给他们纠正不良行为习惯的机会。只有这样,他们才能更加顺利地适应常规,

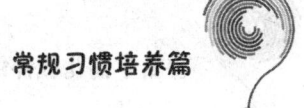

更快地融入到集体生活中。

(张艳冬)

13. 如何引导家长重视并积极参与幼儿常规的培养？

家庭和幼儿园达成教育观念和教育行为的一致性，这是一切教育活动有效实施的前提。我们希望家长参与幼儿常规的培养，首先要增进家园间的沟通，让家长重视常规的培养，进而和幼儿园一起培养孩子的良好习惯。具体可以通过以下活动来实施：

*活动一，进行新生入园前的摸底调查。*在幼儿入园之前，向家长发放幼儿在家庭生活中自理能力和生活习惯的调查问卷，教师通过调查问卷了解幼儿的生活自理能力水平和已有的行为习惯等情况，同时从幼儿的情况发现家长在培养幼儿生活自理能力方面的认识。掌握第一手材料，为召开家长会做准备。

*活动二，召开新生家长会。*在家长会上，分析调查问卷，找到幼儿在生活自理方面存在的共性问题和薄弱环节，强调常规培养的重要性。重点介绍幼儿园常规培养的具体内容，结合幼儿一日生活作息安排，细致地讲解每个环节幼儿的活动和常规要求，让家长了解幼儿园活动与家庭活动的不同以及幼儿园的做法。同时，教师还要帮助家长分析哪些习惯和规则需要在家庭中延续以及家长应该怎样指导等。

*活动三，挖掘家庭教育资源开展活动。*邀请一些从事特殊职业的家长（如医生）或育儿经验丰富的家长参与家园活动。这些家长的现身说法能够使其他家长更明确好的常规和习惯对幼儿成长的重要性。例如，请当医生的家长介绍多喝水的好处和教孩子正确洗手的方法；请爷爷奶奶讲解如何

教幼儿学会穿衣服等。

活动四，在开放活动中促进家园互动。 邀请家长来园参加半日活动，一方面让家长能够近距离地了解幼儿园的活动和孩子的表现，另一方面让家长更深入地理解良好的常规和习惯在幼儿成长中的重要性，从而转变不适宜的家庭教育观念和行为。

活动五，学期末收集家长的反馈信息。 收集家长的反馈意见，内容包括：家长对自己孩子常规习惯的评价，家长在家庭中培养好习惯的好方法和经验，以及对幼儿园常规培养的意见和建议。这样的反馈能够引导家长发现自己孩子的变化，以激励家长继续配合幼儿园在幼儿常规培养方面开展的活动。同时，教师通过家长的反馈，能够发现家长观念的变化和幼儿行为的变化，以便在今后的工作中做适当的调整。

（吴海梅）

二、生活常规培养中的问题

14. 如何引导幼儿自觉地饮水？

水对于人类来说是非常重要的，因为水是人体组织体液的主要成分，它是机体中含量最高的成分之一，也是机体最重要的代谢物质之一，部分代谢物只有溶解在水中才能排出体外。幼儿正处在生长发育阶段，他们每天更需要保证一定的饮水量，所以，我们才会叮嘱幼儿多喝水。但是光叮嘱还是不够的，作为教师，我们在幼儿园中还要有一些办法引导幼儿积极自觉地饮水。下面介绍一些方法供大家参考。

（1）拟人游戏法：指让幼儿在拟人游戏中养成爱喝水的习惯。这种方法比较适合小班幼儿。小班幼儿的一日活动为游戏所贯穿，教师可以把游戏中的情景或人物延伸到喝水的环节。例如，小汽车的游戏结束后，教师可以这样引导幼儿："小汽车需要加油了！"然后，自然地引入喝水环节。

（2）儿歌故事法：指利用儿歌如"小水滴"或者故事如"小水滴旅行记"引起幼儿喝水的兴趣，激发幼儿喝水的愿望。

附：儿歌

小水滴

小水桶，大肚皮，里面藏着小水滴。
小水滴，别着急，宝宝马上来接你。
咕嘟嘟，咕嘟嘟，水滴跑进肚子里。

附：故事

小水滴旅行记

大海妈妈有许多调皮、可爱的水滴宝宝。有一天，小水滴们对大海妈妈说："妈妈，我们想去旅行，鱼姐姐说，外面的世界可精彩了。"大海妈妈笑了笑，指着太阳说："好！太阳公公会帮你们忙的。"太阳公公听到了，说："小水滴们，快来吧，我带你们旅行去。"这时，小水滴感到自己轻飘飘起来，它们变成了水汽向空中飞去。飞呀飞，飞到了云妈妈的身边，云妈妈说："孩子们，快到我的怀里，让我带你们去旅行。"小水滴飞到了云妈妈的怀里，云妈妈一下子变胖了。云妈妈带着小水滴到处旅行，小水滴看到了茂密的森林、可爱的动物、美丽的城市……最后，小水滴来到了北极，北极好冷啊。小水滴不禁哆嗦起来。一阵大风吹来，小水滴从云妈妈的身上掉了下来。寒冷的风让它们变成了雪花，一片一片地落到了北冰洋。"好冷啊，我们想回家。"于是，小水滴顺着北冰洋一路游去，游了好久好久，才回到了家。"妈妈，妈妈，我们旅游回来了。"它们高兴地向妈妈讲起了旅游的见闻。

（3）环境提示法：指通过教室环境渗透引导幼儿多喝水。幼儿的年龄不同，环境创设的内容也应有所不同。比如，在饮水区，教师把饮水桶或饮水机装饰成奶牛的样子，幼儿接水的时候就像在给奶牛挤奶，这样的环境比较适合小班的幼儿。到了中、大班，教师可以在饮水区张贴一些图片来展示饮水对身体的好处。教师还可以在卫生间的墙上张贴一些不同颜色的小便的图片，把它们作为饮水的提示图。例如，在幼儿小便时引导他们观察自己小便的颜色，并对照提示图中的对应的颜色引导幼儿适量地饮水。

(4) 记录监督法：即让幼儿记录下自己每天喝水的次数和饮水量。这种方法适合中、大班幼儿。根据幼儿记录水平的不同，教师可以引导幼儿选择多种记录的形式。刚开始可以选用插卡记录或贴画记录的方法，这种方法比较好操作，幼儿容易掌握。随着幼儿年龄的增长和记录水平的进步，可以引导他们用画图表和填表格的记录方法，这种方法利于幼儿了解自己近期（一周）的饮水情况，每天可以做对比。

(5) 增添味道法：我们不提倡幼儿经常饮用饮料或用饮料代替白开水。所以，幼儿园为幼儿提供的是没有味道的白开水或直饮水。但是在特殊的季节，如干燥的秋、冬季，可以给幼儿添加水果茶或花草茶，与白开水交替给幼儿喝，用山楂片泡的水、用菊花泡的水，还有用柠檬片泡的水都是不错的选择。把泡好的水果茶倒入凉杯，让幼儿自己倒茶、喝茶，幼儿品尝的兴趣浓厚，也增添了喝水的乐趣。

(6) 鼓励表扬法：与记录监督法同时使用效果较好。指根据幼儿的饮水记录进行表扬，树立榜样，以保持幼儿自觉饮水的行为。但是要注意，有些幼儿可能为了得到表扬有时会没有喝水也记录或多记录。所以，教师要结合自己或其他小朋友的观察与监督实施这种方法。

(7) 经验交流法：教师可以以"上火"为题展开讨论，引导幼儿说说自己"上火"的经验与大家分享，总结要多喝白开水才不爱上火。这些活动的开展能使幼儿产生初步的自我服务意识，很好地引导幼儿养成自觉的饮水习惯。

(8) 教师榜样法：在一天的活动中，教师也是要喝水的，教师的饮水行为也会间接地影响孩子。所以，教师要为孩子树立榜样。和幼儿一起饮水、和幼儿一起做饮水记录看看老师喝了几杯水等方式都会产生积极的影响。

(9) 家园协作法：有些幼儿不爱在幼儿园喝水与家庭的饮水方式有关。

比如，幼儿在家里习惯了喝饮料、果汁，不经常喝白开水；还有的家长用幼儿喜欢的饮料来代替白开水。所以，我们要了解幼儿在家庭中的饮水情况，让家长引导幼儿多喝白开水。

（吴海梅）

15. 喝水的时候，为了节省时间，让幼儿站着喝可以吗？

首先，我们要明确：幼儿园和教师有责任为幼儿饮水创设适宜的环境，使幼儿能够有宽松的空间和时间喝水。不要把喝水的意义只是定位在"解渴"上。在培养幼儿良好的饮水习惯和自觉的饮水行为时，让他们享受饮水时的快乐也是很重要的。

其次，让幼儿站着喝水还是坐着喝水不是绝对的。教师要根据幼儿的年龄特点和活动环节的具体情况有针对性地灵活安排和调整。例如，小班幼儿年龄小，水杯经常端不稳造成水洒出来，而且他们主动饮水的意识比较弱。因此，教师就要让他们安稳地坐在桌边喝水，而且还要让他们一口一口地喝，不要太急，不要说笑；而中班幼儿的手眼协调能力相比小班幼儿有了很大进步，教师可以减少他们坐在桌边喝水的次数，让他们能够有站着喝水的机会，允许他们在参加活动时随渴随喝；到了大班，教师可以引导幼儿根据时间和实际情况自己选择喝水的方式。比如，根据时间选择喝水的方式。在区域游戏结束后的整理环节，有的幼儿整理得比较快，就可以选择接水后与同伴坐着喝水；有的幼儿需要整理的材料比较多或者整理得较慢，就可以直接接了水站着喝完。

喝水的环节同样是幼儿交流沟通的好机会。有的幼儿在喝水时三三两两地聚在一起说话，或坐或站。在保证安全、不影响喝水的前提下，这些都是可以的。

（吴海梅）

16．如何培养幼儿良好的洗手习惯？

幼儿良好的洗手习惯的养成包括两方面：首先要让幼儿理解和掌握洗手的正确方法（六步法），再通过长时间一贯性的培养使幼儿养成良好的习惯——手脏了自觉洗手、饭前便后主动洗手及洗手时节约用水等。

在培养幼儿形成良好的洗手习惯之前，我们首先要检查一下为幼儿洗手创设的环境是否适宜。硬件的设施设备要完善，包括有大小适中的肥皂、儿童专用的毛巾等，在条件允许的情况下，北方的园所可以在冬天提供温水洗手。作为教师，我们还要在幼儿洗手的场所创设相应的教育环境，如洗手的步骤图等。

具备了适宜的环境的同时，我们要让幼儿理解"为什么要洗手"、"你的小手干净吗"以及"什么时候要洗手"这些问题。可以开展"观察洗手水"的活动让幼儿直观地感受到洗手可以洗掉手上的污渍。比如，一次户外活动后，我们端来一盆清水请一位小朋友在盆里洗手，看看水有什么变化。孩子们看到洗过手的水惊叹道："真脏呀！"再请这位小朋友搓一搓肥皂再洗，水变得更加脏了。此外，还可以通过展示细菌的图片，让幼儿了解手上看不见的脏东西。还要告诉幼儿画画和户外活动后、进餐及饮水前、摸了脏的东西后以及如厕前后都要洗手。只有解答了这些问题，才能够激发幼儿内在的洗手动机和需要。

接下来，在让幼儿知道了洗手必要性的基础上，要教会他们正确的洗

手方法。我们可以用儿歌、故事、游戏等形式,引导幼儿掌握正确洗手的步骤。比如,引导小班幼儿一边说《洗手歌》一边练习洗手。通过丰富的活动,幼儿很快就能学会洗手,但是这并不意味着良好的洗手习惯已经养成。在此基础上,我们还要不断地鼓励幼儿坚持洗手,可以采取奖励和竞赛的方法。比如,开展"小手真干净"的活动,选出认真洗手的小朋友并加以奖励,通过榜样的作用,鼓励大家都能认真洗手。还要将活动延伸到家庭中,了解幼儿在家庭中是不是主动、认真地洗手,并争取家长的支持,做到幼儿园和家庭的要求一致,持之以恒。只有这样,幼儿才能养成良好的洗手习惯。

附:儿歌

洗手歌

卷起小衣袖,我们来洗手。

打开水龙头,冲冲小脏手。

关上水龙头,肥皂做朋友。

搓手心、搓手背、搓搓每个手指头。

手指缝里细细洗,小小指尖别忘记。

手指头弯弯腰,手腕上面转一转。

打开水龙头,泡泡全冲走。

关上水龙头,小手甩三下。

一二三,小手洗得真干净。

细菌全吓跑,我们大家拍手笑。

(吴海梅 杨晓静)

17. 教师应该怎样引导才能使托、小班幼儿洗手时不玩香皂和水？

许多托、小班幼儿洗手时喜欢玩香皂、玩水，这种情况并不少见。先让我们来分析幼儿洗手时玩香皂、玩水的原因。喜欢反复地操作自己喜欢的物品或多次重复做一件事，是3岁左右幼儿的年龄特点。这个年龄阶段的幼儿对于直接的感官刺激很感兴趣，一切的活动都有可能是他们的游戏。洗手时，香皂和水对他们而言是新的刺激，激起他们探索的兴趣，导致他们不断地反复去摆弄，这时候他们是意识不到这样做是不好的，而成人的提示对于自控能力较弱的幼儿一时还不能收到较好的效果。在这种情况下，教师不妨试一试这些方法：

（1）给幼儿玩肥皂、玩水的机会。开展专门的玩水、玩肥皂的游戏。比如，"吹泡泡"的游戏，即让幼儿在水里将肥皂化开，自己制作肥皂液吹泡泡。还可以引导幼儿在沙水区玩水。在游戏时，要告诉幼儿现在可以玩水、玩肥皂，但洗手时要节约用水，不能玩水。

（2）用拟人的方法引导幼儿。当幼儿不断地捏香皂，捏得到处都是泡沫时，告诉他们："小朋友总是捏香皂宝宝，他都哭了。而且，香皂宝宝会越变越小的，他就不能和我们做朋友了。"

（3）用幼儿感兴趣的活动或玩具转移他们的注意力。对于经常玩水、玩香皂的幼儿，教师可以用他们感兴趣的活动或玩具吸引他们，帮助他们摆脱香皂和水对他们的吸引力。在洗手前，告诉他们洗完手可以去玩他们喜欢的玩具，当他们按要求洗完手后夸奖他们，并满足他们的要求。

（4）奖励法。顾名思义，对不玩香皂、节约用水的幼儿给予奖励。每次洗手后，教师的夸奖、拥抱或者奖励的小贴画对幼儿来说很重要。

最后，还有一点很重要的是教师一定要有耐心，相信持之以恒的引导一定会有效果。

（吴海梅）

18. 如何引导做事拖拉的幼儿抓紧时间？

每个班级里都有做事情比较慢的幼儿，教师的催促往往不能解决问题。你不妨尝试以下方法：

（1）**通过游戏比赛加以改变**。教师可以经常与幼儿玩一些小的竞赛游戏，使幼儿在游戏中提高自己动作的敏捷程度。例如，比赛看谁跑得快、比赛看谁穿衣服快等，这些游戏能激发幼儿的进取心。此外，教师还可以让幼儿与他自己进行比赛：帮助幼儿设计一张比赛成绩表，记下他每天完成某件事所用的时间。如果第二天比前一天有进步，就给予奖励；如果没有进步、保持原状或者退步，就不给予奖励。

（2）**计数法**。教师可以采用记数法来督促幼儿抓紧时间完成某件事情。教师可以根据幼儿的日常表现，估计出他尽最大能力完成某件事情所用的时间。事先与幼儿讲明白，数到第几声的时候，他要做完某件事情；然后让幼儿准备好，说完"开始"以后就计时：1、2、3、4、5……教师一边数，一边为幼儿加油："你快要做到了！"幼儿为了完成任务，就会尽量抓紧时间将事情做完。如果在快要结尾的时候，幼儿还差得很远，教师可以放慢记数的速度。记数法很简单，随时可用。

（3）**遵守常规活动的时间**。教师要严格按照常规活动的时间要求去做。哪个时间段做什么，要让幼儿养成规律；到点该干什么，要让幼儿心知肚明。这样他们就能事先做好准备。

常规习惯培养篇

(4) 让幼儿承受拖拉造成的后果。 如果在一系列方法实施之后,幼儿还是磨磨蹭蹭的,教师可以提醒他一下:"再不快点你就没时间玩了。"如果他依然在那里磨磨蹭蹭的,不妨任由他去,游戏或活动照常进行。这样幼儿就体会到了因为自己动作慢会比别人少玩游戏的后果,几次以后他自然就会加快速度。

(5) 让幼儿尝到快的甜头。 幼儿只有感觉到做事快对他自己是有好处的时候,他的动作才能够快得起来。在幼儿较快完成了任务之后,要给他自由游戏的机会,让他可以用省下来的时间玩一些自己感兴趣的游戏。

(何 颖)

19. 在过渡环节组织哪些活动可以让常规安静、有序地进行?

过渡环节作为一日生活中的一部分,也蕴涵着很多教育契机。那么,幼儿园的过渡环节具体是指什么呢?是指一个活动和另一个活动衔接的中间环节。在这个环节中,教师可以组织幼儿有序地进行活动,既不使时间被浪费掉,也避免幼儿因为等待无聊而出现一些行为问题,如打架、争执、乱跑等,以致影响下一节活动的顺利开展。

(1) 音乐活动: 教师可以选择幼儿喜欢的歌曲或乐曲,在过渡环节播放,提示幼儿当他们听到某一首歌曲时,就要做某一活动了。比如,当听到《小燕子》的歌曲时,女孩子就要学着小燕子"飞着"去上厕所;当听到《小花猫》的歌曲时,男孩子要模仿小花猫走路悄悄地去上厕所。同时,音乐活动也能让幼儿身心得到放松,培养他们的节奏感和对音乐的倾听力、表现力。

(2)游戏活动：在游戏的过程中，教师可以分组让孩子们进行盥洗等活动。比如，玩击鼓传花的游戏，花传到哪个小朋友的手里，哪个小朋友就可以请自己的三个好朋友一起来唱一首歌。唱完后，四个人可以一起进行盥洗活动，其他小朋友继续游戏。这样，幼儿既能感受到集体游戏的乐趣，能够自然地分组进行活动，又能填补"等待"的空缺。

(3)自主选择活动：幼儿喜欢用自己的感官去感知、操作物体，因此，教师可以借助一些区域材料和区域环境来让幼儿安静、有序地进行常规活动。当然，教师事先可以和孩子们一起制定一些小的活动规则。比如，如厕时间到了，在音乐的提示下幼儿去如厕，先如厕完的幼儿可以自己选择一些区域操作活动，如在美发区练习编小辫等。

(4)语言讲述活动：教师可以把过渡环节设为"随意聊吧"。在这个环节，孩子们可以把自己想说的事情与教师、同伴分享。但是，前提是要和孩子们定下相应的规则，即在聊的过程中不要影响到他人。教师也可以把过渡环节设为幼儿才艺展示的小舞台，让幼儿进行猜谜、说绕口令、唱歌等活动，让孩子可以自由地展示自己。

(陈涛)

20．如何培养幼儿安静午睡的好习惯？

幼儿睡不好觉，特别是难以入睡时，教师要把握下列几个原则：

（1）不要责怪幼儿，幼儿有了心理刺激，反而不利于入睡，有的甚至还会假装睡着。

（2）和成年人一样，儿童的睡眠时间也有个体差异。有的幼儿睡眠时间长，有的幼儿睡眠时间较短，睡眠时间短的幼儿只要第二天精力充沛，不打瞌睡，就说明已有足够的睡眠。此时，教师可以安排这类幼儿从事一些安静的活动。

（3）因偶然的因素没睡好觉，对幼儿也不会有什么危害，教师不要过于紧张；如果幼儿经常难以入睡，天天精神委靡不振，教师就要和幼儿一道寻找失眠的原因，帮助幼儿克服睡眠障碍。

为了能使幼儿安静、顺利地入睡，教师可以采取以下措施：

（1）中午进餐时，不要让幼儿吃得过饱。幼儿睡觉前如果吃了过多的食物，胃得不到休息，自然睡不着觉。

（2）在幼儿入睡前，要做好充分的准备。要提醒幼儿睡前小便，以免因为憋小便而影响休息；要帮助幼儿换上宽松的衣服上床。如果寝室光线太亮可以拉上窗帘，调暗灯光，以营造安静的睡眠气氛。教师也可以放一些轻音乐。幼儿听到音乐后，要闭上眼睛，安静下来，这样逐渐地就能进入梦乡。

（3）和幼儿共同制定午睡的规则，引导幼儿遵守大家制定的规则。比如，每天午睡时幼儿躺好后，可以给他们几分钟的时间让他们小声地和同伴交流，时间一到，他们就要躺好，闭上眼睛睡觉。

（4）给幼儿讲睡前故事。有些幼儿睡前喜欢听故事，他们在家里也是听着妈妈的故事睡觉的。这类幼儿在小班比较多。对于这类幼儿，在他们躺好后，教师可以给他们讲他们喜欢的故事，或播放故事磁带。教师在讲故事或播放故事时要注意将音量慢慢地降低，故事的内容节奏要平缓一些，这样幼儿听着听着就会安静地睡着了。

（5）逐渐培养幼儿独自入睡的好习惯。有些幼儿会自动安静地入睡，但相当多的幼儿在家中需要家长陪伴在旁或者有安慰物才肯入睡。一开始，可以允许这类幼儿按照自己在家中的习惯午睡，比如，有的幼儿喜欢抱着自己心爱的玩具或小毛巾睡觉，有的幼儿要嗅着小被头才睡得着。等幼儿适应了幼儿园的生活,与教师建立了平等、信任的关系后,教师可以利用"小毛巾借我用用"、"玩具太脏了,给它洗洗澡"等方法,帮助幼儿改正不健康的睡眠方式。

(6) 要注意对幼儿的随时护理。 幼儿在睡眠时,教师要根据幼儿的情况及季节为他们调整被褥。要注意打开气窗,使室内空气流通,但要避免风直吹在幼儿身上。

(7) 关注幼儿的身体健康。 如果发现幼儿在睡觉的时候有反常的现象,如咬被子或枕巾、脸色和嘴唇比较苍白、呼吸急促、浑身发抖等,教师要看看幼儿是不是生病了。如果幼儿生病了,要立即送去就医。

总之,教师要采取符合幼儿年龄特点的方法,培养幼儿安静入睡的好习惯。幼儿在身体舒适、心理满足的情况下,自然会很快地进入梦乡。

(何颖 任宏侠)

21. 在幼儿园如何教托、小班的幼儿自己擦屁股?

孩子上幼儿园后,就要学着在便后自己擦屁股了。男孩子呢,教师只要教他们轻轻擦干净就行了。如果是女孩子呢,为了避免污染到阴部,就要讲究擦拭的方向了,要教她们从前向后推擦。在训练幼儿自己便后擦拭时,教师可以按照以下步骤操作:

(1) 教幼儿学习折叠卫生纸。 擦屁股之前先让幼儿练习如何折叠好卫生纸,告诉幼儿必须让纸巾足够厚,这样擦屁股时手指才不会被弄脏。可以让幼儿先练习擦鼻子、擦桌子等,让他们学习擦的动作,锻炼他们擦的能力。

(2) 建立干净的概念。 可以在活动中把"干净"这个概念放到故事中,用角色来引导幼儿注意自身卫生。比如，可以根据儿歌《爱干净的小花猫》编一个不擦屁股的胖胖熊的故事。故事中胖胖熊总是不好好擦屁股，最后变得臭臭的谁也不喜欢他。通过这个故事，让幼儿懂得要学会"干净"。

(3) 给幼儿提供玩具娃娃进行模拟训练。 把大米粥涂在玩具娃娃的屁股上，让幼儿先折叠好卫生纸，然后试着去擦，遵循"从前到后，不要太用力"的原则，擦一次小心地折叠一次纸巾，折叠纸巾2～3次后还擦不干净的话，要换新的卫生纸继续擦，直到纸巾上没有痕迹为止。

(4) 实战练习。 指导幼儿擦屁股时先叠卫生纸，擦一下，叠一下，再重复，直到擦干净为止。这个"技术"活儿，幼儿需要很长一段时间才能熟练操作，因此，在确定幼儿能自己完全做好之前，教师可以和他们约定，每次他们自己擦完之后，允许教师来检查一下。这时候，教师就可以趁机帮他们擦干净。但是不管他们擦得如何，教师都要衷心地赞扬他们能干，要注意保护幼儿的自尊心。

(5) 如厕后冲水。 千万不要忘记这个步骤，因为有始有终才能让幼儿完整地习得如厕的步骤，才能在这个方面让幼儿真正地实现自理和独立。

附：儿歌

爱干净的小花猫

姐姐抱来个小花猫，拍拍爪子舔舔毛，
两眼一眯"妙，妙，妙，谁来跟我玩，谁来把我抱？
弟弟伸出小黑手，小猫连忙往后跳，
胡子一撅头一摇，"不妙不妙！太脏太脏我不要！"
姐姐听见哈哈笑，爸爸妈妈皱眉毛，
小弟听了真害臊："妈！妈！快给我洗个澡！"

（何颖）

22. 怎样应对小班幼儿不愿意在幼儿园大便的问题？

大便难是小班幼儿入园后的一大难题。造成这种问题的原因有以下几种：有的幼儿腿部力量及平衡能力较差，不习惯幼儿园的蹲便方式，不愿在幼儿园排便，因而常常憋便或直接便在裤子里；有的幼儿依赖性强，大便时习惯了成人陪同，入园后独自大便不适应；还有的幼儿常常因贪玩而憋便。这些不良的排便习惯容易让幼儿产生紧张心理而不愿来园，导致家长对教师产生误会。因此，教师需要对幼儿进行细心的观察和了解，用适宜的方法帮助他们养成良好的排便习惯。

（1）加强入园前的了解，做好入园后的记录。 在幼儿入园前，通过让家长填写《幼儿成长小档案》，了解幼儿在家的排便情况。幼儿入园后，定时提醒幼儿大、小便。在此基础上，运用《幼儿在园一日生活情况记录表》，记录幼儿排便的基本情况，表扬幼儿取得的进步，加强家园间的沟通。此外，教师还要注意给幼儿创设宽松的精神环境，让幼儿在心理上获得安全感。这样一段时间后，相信大多数幼儿都能顺利适应幼儿园的生活，能基本形成良好的排便习惯。

（2）增强幼儿的腿部力量和身体平衡能力。 对于个别幼儿腿部力量及平衡能力较差的问题，教师可以结合户外体育游戏，帮助这类幼儿增强腿部力量和身体平衡能力。比如"过小桥"的游戏：教师准备拱形门、平衡木等材料，然后设置小河的情景，请幼儿钻过拱形门，走过平衡木，去小河对岸和老师做游戏。再比如"矮公鸡和丹顶鹤"的游戏：当教师说到矮公鸡时，幼儿就蹲着向前走；当教师说到丹顶鹤的时候，幼儿就踮起脚尖向前走，游戏反复交替进行。通过这些有趣的练习，幼儿的平衡能力及大

常规习惯培养篇

肌肉力量都会得到明显的增强，这有利于他们改善蹲便难的问题。此外，教师还可以通过有趣的"带娃娃去大便"的游戏让幼儿再次体验到在幼儿园如厕是一件轻松愉快的事情。这个游戏的玩法是：在"娃娃家"中，设立娃娃卫生间，教师自制与班级卫生间相同的便器，请幼儿在玩"娃娃家"时，带着自己的娃娃去上卫生间。期间，教师要指导幼儿巩固上大便的要领：事先取好厕纸，脱裤子要脱到膝盖处，蹲下时手要扶着小把手，大便后要叫老师或是妈妈擦屁股。

(3) 和幼儿一起玩大便记录的游戏，让幼儿感受到大便带来的乐趣。幼儿每次大便后，都请他们在记录纸上画一个小太阳，在离园的时候请他们把记录纸带回家，幼儿会非常高兴。大便记录，不仅让家长了解了幼儿当日大便的情况，也培养了幼儿定时大便的好习惯。

排便虽不是游戏，但融入游戏的因素，幼儿定时排便习惯的养成就会变得轻松、容易。

(何颖)

23．面对大班还时常尿床的小朋友，教师应该怎么办？

首先，教师要充分了解幼儿的情况，再针对幼儿的具体情况进行教育。对于经常尿床的小朋友，教师要先与其家长进行沟通，了解幼儿尿床的原因，可建议家长带幼儿去医院检查一下，看幼儿身体是否正常；如果幼儿身体一切正常，教师则需要加强对幼儿睡前和睡眠过程中良好习惯的培养。

其次，要帮幼儿养成良好的作息和饮食习惯。幼儿睡前活动量不可过大，以免过度疲劳睡得过熟。在睡前1小时内，最好不要让幼儿吃流质食物或喝太多的水，临睡前应让幼儿排尽小便。在睡眠期间，教师要细心地观察，掌握好幼儿尿尿的规律，及时叫醒他。一般幼儿入睡1.5～2个小时后为第一次尿尿的时间，以后大概间隔为3～4个小时，甚至更长。教师在午睡中可以轻声地叫醒该幼儿一次问他是否小便，避免幼儿熟睡尿床，并逐渐引导幼儿养成自主起床排尿的习惯。

最后，对待儿童尿床要注意态度和方法。不要伤害幼儿的自尊心，不要把儿童尿床当成笑料，更不要因此大惊小怪。尿床的幼儿也有自己的苦恼，比如，他不敢在朋友家留宿，不敢参加夏令营等；当被发现尿床时，他会感到尴尬或不安。因此，当幼儿尿床时，教师对幼儿应多劝慰、鼓励，而不是斥责。幼儿稍有进步就予以表扬，以增强其信心。如果幼儿没尿床，可在表上贴一红星，以示鼓励。

切记：不要使幼儿精神高度紧张，以免影响正常的排尿功能，导致膀胱一有尿便想排尿，而每次又排不了多少，造成神经性尿频。

（何颖　杨晓静）

24. 大班幼儿一日活动常规怎样体现幼小衔接？

众所周知，幼儿园的活动和小学的活动有着诸多的不同。幼儿从以游戏活动为主的幼儿园进入到以正规学习为主的学校生活需要一个适应的过程。幼儿园教育是为幼儿一生打好基础，也要为了入小学做好准备。入学是幼儿生活的新起点。为了帮助幼儿尽快适应学校生活、从幼儿园平稳过渡到小学，幼儿园大班教师应在一日活动常规中体现幼小衔接。

（1）作息时间的调整：由于入学后基本没有了午睡，又由于幼儿的脑力劳动负担大大超过了入学前，所以，在入学前这段时间，需要家园配合调整幼儿的作息时间，保证幼儿睡眠充足，并养成早睡早起的良好习惯。这样入学后，才不会影响幼儿的学习效果。还要要求幼儿早晨8:00上幼儿园不能迟到，如果迟到了就不能得到好看的贴纸。

(2) 学习习惯的培养：在班级中适当开展书写活动，教幼儿掌握正确的握笔方法和书写姿势，让他们学会正确地使用学习用具。在平时的活动中，教师要注意培养幼儿独立学习的能力：提示他们认真听讲，独立完成作业；作业完成后要学会自己检查；学习时要专心，不能一边学习一边做其它的事情等。

在大班的下学期，教师还可以请家长为幼儿准备小学生应具备的基本学习用品，如书包、文具盒、铅笔、橡皮擦、作业本、拼音本、图书等，让幼儿了解这些用品的名称和作用。每天让幼儿自己整理书包，让他们学会有序整理书包，并能够按书包的构造有序安放物品：把水瓶放在书包两侧的网兜内、把作业本放在书包前边的小袋内等，从而提高幼儿的自理能力。

(3) 时间观念的建立：可以从认识时间、感知时间的长短、遵守规定的时间、学习安排时间等几方面培养幼儿的时间观念。教师可以教幼儿认识时钟，认识一分钟、一小时、整点、半点；公布班级活动时间，每日请值日生提示老师什么时间做什么事情。比如，10:00时，值日生就会告诉老师10:00了，该吃加餐了；11:30时，要吃中饭了；下午5:00了，爸爸妈妈快来接了……渐渐地，幼儿把时间和活动联系在了一起。教师还可以带领幼儿体验10分钟有多长及10分钟可以做什么等。比如，开展课间10分钟的活动，指导幼儿抓紧10分钟的时间如厕、喝水、收拾自己的文具，使幼儿在上学后能够适应学校的课间活动。

(4) 任务意识的培养：让幼儿准备一个计划本，记下当天回家的任务，并指导幼儿自己做任务计划。比如，幼儿计划当天回家看一本书，那么他就要想好看什么书、在什么时间看等。请家长监督计划的实施情况并写下反馈,第二天让幼儿带来幼儿园与大家分享。

(5) **积极情感的培养**:小学在幼儿的心中是很陌生的,因此培养幼儿对小学生活的兴趣和向往十分重要。教师要开展有关入学的各种主题教育活动,激发幼儿的入学愿望,让他们知道上学是一件很快乐的事情。教师可以开展的主题教育活动有"我要上学了"、"我心中的小学"等。此外,教师还可以带领幼儿到附近的小学参观以帮助幼儿直观地了解小学。在参观小学的活动中,幼儿会看到开阔的操场、整齐有序的图书馆和科学馆以及哥哥姐姐的小制作、小发明……小学在他们的心中又多了一份吸引力。通过这些活动,他们对小学的陌生感会减少,对上小学产生向往和期待的积极情绪。

(郭慧芬)

三、游戏常规培养中的问题

25. 区域游戏时,如何让幼儿了解区域的活动常规并自觉遵守呢?

区域游戏活动的常规包括:幼儿自主地选择区域游戏内容;爱护玩具和游戏材料;能收拾整理玩具物品,保持游戏环境整洁;不大声吵闹,不影响干扰别人活动;游戏中与同伴友好合作。这些常规,除了告诉幼儿之外,还有哪些方法能让幼儿了解并自觉遵守呢?

(1)有效利用标记。 标记是一种非常适合幼儿年龄认知特点的传递方式。以标记图为媒介,让形象有趣、色彩鲜艳的标记图"站"出来说话,能让幼儿比较轻松地接受和理解规则。

"娃娃家"是幼儿非常喜欢的活动区域,但是,与其他活动区相比,"娃娃家"里的东西小、多且杂,所以,幼儿整理起来就显得特别困难。教师可以将"娃娃家"里的每一类玩具拍成照片,贴在玩具柜和对应的玩具篮里,这样幼儿就能根据照片进行"玩具找朋友"的游戏。同样,在美工区、建构区里,教师也可以在橱柜上贴上相应的实物图案,这些有趣的实物标识使幼儿的取放过程充满了趣味性及挑战性,也对区域空间和活动材料的使用起到了提示、指引和规范的作用。

(2)妙用儿歌。 儿歌是儿童文学作品中的一种体裁,内容短小、精悍,读起来朗朗上口,易记。在对幼儿进行区域常规教育时,教师可以使用儿歌来引起幼儿的兴趣,帮助幼儿掌握常规的要领。比如:在整理玩具时,可以引导幼儿边说儿歌《小玩具要回家》，边整理玩具。

（3）**亲身示范**。幼儿以具体形象思维为主，尤其是小班幼儿更是以直觉行动思维为重点。空洞的讲解不能让幼儿理解，所以教师在进行常规教育时一定要避免单一说教的方式，应采用"教师亲身示范，幼儿直接参与"的形式。比如，在教幼儿如何使用剪刀、怎样使用固体胶时，教师在示范了之后，让幼儿边唱儿歌边操作练习，这样幼儿在很短的时间里就能掌握动作要领。

（4）**集体教育与个别教育相结合**。利用集体时间，反复强调区域游戏规则的同时，教师还要在区域活动时，针对个别幼儿，和他一起活动，向他强化常规的要求。慢慢地，幼儿就能掌握并遵守常规了。

（5）**小贴纸的魅力**。为了增强幼儿的自信心，教师可以用小贴纸鼓励幼儿在区域活动中取得的进步。哪个幼儿按照游戏常规去做了，就发给他一张小贴纸，对其良好行为进行强化。

（6）**重在坚持**。重在坚持，难也在坚持，特别是对小班的幼儿，教师一旦在管理方面有所松懈，那么以往的努力很可能就会功亏一篑。所以，班级常规管理不可能一蹴而就，它是教师常抓不懈的一项工作，只有持之以恒才能取得显著的甚至是永久的效果。

附：儿歌

小玩具要回家

小玩具，顶呱呱，
幼儿园里乐哈哈。
不想和你回家去，
幼儿园才是它的家。
小朋友，顶呱呱，
快把玩具送回家。

（何颖）

26. 当进入某个活动区的幼儿人数超过了限定的人数时，怎么办？

开展区域游戏活动前，教师首先应该根据以往的经验对幼儿想做什么、怎样做和有可能怎样做有心理准备，然后，和幼儿一起制定区域活动的规则，包括怎样玩以及每个区域每次活动的人数。遵守游戏的规则是非常必要的，但如果有时出现了超出限定人数的情况，教师应观察了解在先，介入指导在后。

(1) 一种情况是，幼儿在进行恰当的活动，只是因为场地受限。此时，教师可以引导幼儿更换游戏场地。比如：一次，五六个幼儿一起在"娃娃家"游戏，"娃娃家"里显得很是拥挤。通过观察，教师知道孩子们在给娃娃开生日庆祝会。于是，教师以客人的身份加入到幼儿中去，引导幼儿趁着天气好，到户外给娃娃开一个草坪生日派对，请更多的小朋友来参加。幼儿对教师的提议非常赞成。在教师的引导下，他们商量了开生日派对的过程、需要的物品，并邀请了更多的幼儿来参加活动。在这个活动中，教师在观察了解幼儿活动意图的基础上，提出建议，拓展了幼儿的思维方式，鼓励幼儿在更高的水平上进行活动，并由此调整了区域活动的材料、内容、地点，使其更适合幼儿的兴趣和需要。

(2) 另一种情况是，幼儿在胡乱游戏，没有主题目标。教师要询问幼儿游戏的内容，请他们讲讲各自都在干什么。对于没有目标的幼儿，教师要引导他们寻找自己的兴趣点，建议他们上别的游戏区去游戏，改天想好后，再来这个区进行游戏。如果有主题目标的幼儿人数还是很多，教师可以让幼儿随机分组进行游戏。

(3) 还有一种情况是，区域里的总人数不多，但是出现多人争抢一个角色或玩具的情况。这时，教师可以请幼儿自己解决这个问题，提高幼儿独立解决问题的能力。例如，在"娃娃家"游戏时，两个女孩子都想扮演妈妈的角色。这时候，教师可以引导幼儿协商解决这个问题，比如遵守先来后到的原则，或者采用轮流扮演角色的方法。在保证游戏安全的前提下，为了满足幼儿的游戏需要，教师还可以引导幼儿照搬生活经验——"你的家里还有谁"，以启发幼儿扩展游戏的思路设置新的角色，如姑姑、阿姨、姐姐等。这些都是好办法！

（何颖）

27. 面对外来参观的客人，幼儿是向客人主动问好还是继续游戏？

当外来参观的客人走进班级时，教师应根据客人到来的时间不同采取不同的引导方法：

(1) **在游戏活动开始之前**：教师可以引导幼儿向客人们问好。

(2) **在游戏活动进行中**：游戏是幼儿的生活，在游戏时他们最投入，甚至客人来了他们也未曾察觉，这时候不如顺其自然，即幼儿发现了客人就自然打招呼，没有看见的就继续游戏。教师不用刻意地提示幼儿集体向客人问好，这样会分散幼儿的注意力，破坏他们的游戏氛围，影响游戏的质量。不过，对于客人走到身边能跟客人自然地打招呼、邀请客人参与游戏，并能和客人进行自然交流的幼儿，教师要及时地进行鼓励。

一次开放活动，当客人们陆续地走进我们班时，孩子们正在专心地进行自己的游戏，并没有受到客人们的影响。客人们进来后先是用照相机拍摄教室环境，之后有的客人开始关注幼儿的游戏。一位客人走到正在科学区玩长度游戏的浩浩身边。浩浩正和小伙伴玩得高兴，看到身边站了一位客人，就马上说："客人老师，您来猜猜，这个大吊车能吊起多远的东西？"浩浩在吊车的前面摆了一把长尺子，并在尺子的旁边，依据不同的长度摆放了不同的物品。客人反问："那你觉得吊车可以吊到什么物品呢？"浩浩马上说："我刚才吊到了这里的小桌子，我把吊车臂缩短了一些，我想这回可以吊到小铅笔。"客人非常兴奋地说："那咱们一起来试试吧！"这种很自然的交流充分体现了幼儿自由游戏的能力及与他人交往的能力。

(何颖)

28. 如何顺应幼儿的需要，和幼儿一起修改完善常规？

（1）让幼儿亲身实践，从比较中得出结论。让幼儿亲身体会哪个常规制度更好，更适合本班。比如：在中班的建构区游戏中，幼儿对建构游戏都十分感兴趣，每天都有许多小朋友想要在建构区玩。一次，建构区中一下子来了8个小朋友，大家谁也不愿意把机会让给别人。于是，教师就请8个小朋友一起玩。一开始，幼儿还很兴奋，不一会儿，就听见小朋友告状的声音，"老师，他占了我的地方"、"老师，他把我的楼房碰倒了"、"老师，我都没地方搭了！"……问题愈来愈多。于是，教师把这8个孩子集中在一起，向他们询问刚才遇到了什么问题，小朋友们争先恐后地说了起来，"老师，强强把我的楼房碰倒了！""老师，我想搭一座大桥，可是他们把地方都占了！""老师，地方太小了！"听了幼儿的话，教师马上引导他们："地方太小了，那我们应该怎样解决这个问题呢？"他们异口同声地说："人要少一点！"通过让幼儿亲自去体验，教师和幼儿共同确定了建构区的人数最多为4人，并制作了预约册，想玩的小朋友可以提前预约，按照预约的名单顺序游戏。

(2) 组织幼儿集体讨论，投票表决。 组织幼儿针对某一问题进行讨论，双方分别说出自己的理由，再请小朋友们说一说自己同意谁的想法，最后进行投票。例如：中班幼儿在拼插区游戏时，总是把玩具扔得到处都是，游戏结束也不好好收拾，乱摆乱放。教师一遍遍地提醒他们说："要把玩具放在一起"、"把筐子放到旁边"、"把雪花片放到玩具篓里"，可幼儿听了就忘了，总是记不住。最后，教师反思："为什么总是由我告诉孩子们该怎样做，为什么不能让他们自己来建立常规呢？"于是，利用一次餐后的谈话，教师让幼儿自主讨论如何在拼插区既能快乐玩耍，又有一定的秩序。幼儿自发地分组进行讨论，然后各组抽出一名小朋友向全班小朋友介绍他们组所定的常规。有的小组说："不把玩具倒出来！"有的小组说："每次玩一筐，不把玩具混在一起！"还有的小组说："请小朋友检查！"最后，再由各组之间的幼儿相互提问修正。这样，一套由幼儿自己提议的活动区常规就制定出来了。随后，教师请幼儿把自己制定的游戏常规画下来，贴在玩具区，以帮助幼儿按照常规去做。在以后的区域活动中，幼儿不仅自己自觉地遵守常规，而且还互相监督，使常规教育真正落到了实处。

（何颖）

29. 区域游戏中有时出现幼儿串区的现象，是否违反常规呢？

首先要明确，区域游戏是幼儿自主自选的游戏活动。幼儿在区域游戏时串区是经常出现的情况，不要把串区简单地划归为违

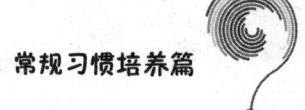

反常规的行为。我们要做的是通过观察分析找到幼儿频频串区行为背后的原因：是无所事事地到处走还是有目的地选择，或是其他原因。然后，以提升幼儿游戏水平为目标，适度地介入和指导以促进幼儿的发展。下面介绍一些针对幼儿串区的不同原因，教师应该采取的措施。

(1) **串区原因一：选区犹豫。**有的幼儿还没有选定游戏的区域，于是就到各区去了解游戏的内容或选择游戏的伙伴。这时，教师要留给幼儿思考和做决定的时间，等待幼儿自己解决问题，尊重幼儿的选择。

(2) **串区原因二：交往式串区。**区域游戏中各区有相对独立的一面，也有互动交流的一面。比如，在"娃娃家"游戏的幼儿开展游戏时，可能会去表演区当观众看节目、去"医院"游戏区看病、去"超市"游戏区买东西等；同样，其他区域的幼儿也可根据游戏的需要参与其他区的活动。这种情况，教师非但没有必要干预，还要加以鼓励与支持。

(3) **串区原因三：遇到困难选择逃避。**在操作材料时，有些幼儿遇到了困难，自己又不能解决，所以想放弃，干脆换一个区游戏。这时候，教师可以帮助幼儿解决问题，鼓励幼儿遇到困难不要放弃，要敢于尝试。请看下面这个案例：

这天，中班幼儿正在进行区域游戏。小美在美工区剪纸时遇到了不会剪的窗花，于是她就放弃了剪纸而去建构区活动。在建构区，在分工"谁搭建医院、谁搭建超市"时大家出现了分歧，于是小美又放弃了建构区而去"娃娃家"玩。在"娃娃家"玩了一会儿，因为都争着给娃娃做饭，大家起了争执，于是小美又准备换区游戏。

从这个案例中，我们可以发现，小美之所以频繁地更换活动区，是因为她在游戏中存在着技能、交往和合作方面的不足。教师要做的，就是有针对性地引导她尝试一些简单的剪纸活动或帮助她完成作品，或者介入建构游戏或娃娃家引导她和同伴协商解决矛盾。

(4) 串区原因四：活动不专心，缺乏耐心。 有的幼儿刚刚在美工区画了两笔就跑去建构区看看，一会儿又去图书区看看，自己的画却没能画多少；在涂色的时候，开始涂得挺好后来就没有耐心了。对于这类不能专心自己的游戏同时又缺少耐心的幼儿，教师可以与他们共同制定一个区域活动的计划，目标不要设得太高，要保证幼儿能够顺利完成。在这个过程中，教师要培养幼儿的自信心，鼓励他们专心地完成这个活动。在幼儿能够专心、耐心地进行游戏后，教师要及时地给予鼓励与表扬。

(5) 串区原因五：游戏材料不适宜或缺乏层次。 教师一般是根据幼儿的年龄特点和近期的教育目标设计区域游戏和投放材料，但有时也会存在游戏材料不适宜或缺乏层次的情况而导致幼儿串区。投放的活动材料过于简单则没有挑战性，幼儿自然不感兴趣；难度太大则容易导致幼儿缺少成功感，他们也会失去游戏的兴趣。因此，只有投放不同层次的材料才能满足不同能力水平的幼儿的游戏需要。教师要具备及时调整材料和游戏内容的能力，不断给予幼儿新鲜感，让幼儿对区域活动充满兴趣。

总之，每个幼儿既具有与其他幼儿相同的共性，又有各自发展的个性特点。他们因为兴趣不同、水平不同，所以需要也不同。教师要注重个体水平的差异，促进幼儿在不同的水平上得到发展。

（李裴裴）

四、学习常规培养中的问题

30. 在集体活动中如何培养幼儿良好的倾听习惯？

良好的倾听习惯是发展幼儿倾听能力的前提和基本条件。由于独生子女在家庭中的特殊地位，他们的表达能力一般较强，可是有些幼儿的倾听习惯却并不好，如在大人说话时插嘴、不能认真仔细地听别人说话等。教师应让幼儿懂得在听故事、听他人讲话时，要尊重他人，坐姿要自然，眼睛要看着说话的人，不随便插嘴，安静地听人把话说完。这是一种倾听礼貌。那么，教师在培养幼儿形成良好的倾听礼貌和习惯方面，又可以采取哪些措施呢？

（1）**以身作则，耐心聆听幼儿的倾诉。**平时，当幼儿向教师倾诉各种事情时，教师必须当好听众：不要随意打断他们的话，不能流露出不耐烦或敷衍的神情，鼓励他们尽可能详细地表达，并产生共鸣。教师要使幼儿乐意倾诉，乐于接受教师的建议和帮助。

（2）**树立认真倾听的同伴榜样。**教师要多表扬能认真倾听别人讲话的幼儿，号召别的幼儿向他们学习。对幼儿来说，教师的称赞和表扬是对他们良好倾听习惯的肯定，能给他们极大的动力，让他们坚持不懈地继续这种好的习惯。

（3）**选择恰当的活动内容，培养幼儿的倾听习惯。**教师应选择幼儿感兴趣的话题和教学活动，以吸引幼儿的注意力。比如，小朋友一般都喜欢听故事，教师可以选择一些情节生动、语言幽默风趣的小故事讲给幼儿听。

教师在讲故事前,还可以提一些相关的问题,让幼儿带着问题倾听;讲完故事后,还可以请幼儿复述故事的情节或对话,幼儿只有认真倾听才能做出回答,这促使他们能够更认真地倾听故事内容。

(4) 将倾听的要求贯穿于日常生活的各个环节。好动是幼儿的天性之一,也是他们身心发展的一个特点。教师可以用按指令行事的方法来培养幼儿的倾听习惯。比如,要求幼儿听指令做相应的动作;在日常生活中交给幼儿一些任务,让他们完成;让幼儿一边看着大人的手势,一边根据某种音乐或节奏来完成某些动作或相应的行为等。

总之,幼儿倾听习惯的培养需遵照循序渐进的原则,由浅入深,逐步提高,这样幼儿的倾听能力才能得到发展。

(何颖 杨晓静)

31. 如何让教育活动活而不乱?

(1) 活动前,做好充分的准备。教师可以从以下三个步骤入手:

第一步:确定适宜的活动目标和内容。活动目标要符合幼儿的能力、经验,活动内容要有一定的挑战性和新颖性,要能激发起幼儿的兴趣及求知欲。孩子们只有在自己喜欢的活动中才能够保持良好的参与兴趣与行为。要避免活动目标或内容过易和过难,使幼儿出现行为问题。

第二步:设计让幼儿多种感官参与的活动。幼儿有事情做就不会乱。教师要精心选择教育活动的组织方式和教学策略,并设计活动的基本步骤。在设计上,要以幼儿为主体,充分考虑幼儿的学习特点和认识规律,让幼儿在活动中探索、在活动中交往、在活动中学习。丰富多彩的物质材料、宽松自由的活动氛围是幼儿学习和活动的基础。

第三步：根据先前确定的目标对设计的活动进行分析与评估，事先预测活动的难点和幼儿在操作过程中可能出现的问题，在重要环节一定要详备多种解决方案。在设计上要强调幼儿手脑并用，形成有效的师幼互动，以增强课堂教学的实效性。

(2) **活动中，适时有效地引导**。首先，教师对教学思路要清楚，对整体安排要心中有数，能及时观察幼儿的需要并做出必要的调节。如果幼儿不感兴趣，教师要用游戏激发其兴趣；如果多数幼儿做不到，教师要降低难度；如果全班幼儿都已经掌握了主要目标的要求，教师就要提出新的要求。教师对教学内容钻研要透，这样可以避免引导的随意性。不少教师由于对教材的钻研不透彻，只注意到教材表层所叙述的事件、描述的词句，很少考虑教材深层蕴含的内涵，把握不住内容的主线，启发引导就很难到位。其次，引导必须建立在幼儿的兴趣与关注点上，因此教师要引导幼儿回忆、提取与本次活动相关的经验，将学习活动一步步深入。

(3) **帮助幼儿形成良好的日常教育活动常规**。教师可以从以下三方面入手：

第一，在平时的教育活动中，建立一定的信号联系。比如，教师的手放平就表示请大家安静，教师双手摆在胸前就表示请大家站到前面来。

第二，加强日常培养，形成动力定型。比如，工具放在哪里、纸盒等材料放在哪里、画笔放在哪里都是长时间固定下来的。

第三，要强调活动常规的重要性。不同领域的课程会有不同的课堂常规，教师要在平时就让幼儿建立不同领域活动的不同常规，以保证活动的质量。

只要让幼儿跟着教师的主线走，让幼儿一直保持高度的兴趣，他们在活动中就会活而不乱。

(何颖)

32. 家长开放日，幼儿一见到家长就不遵守常规了，怎么办？

在家长开放日的活动中，幼儿见到家长出现不遵守常规的现象很普遍，也很正常，特别是在小班、托班，这种现象是不可避免的。比如，玩过的玩具乱摆乱放；用过的工具没有收好；垃圾废物扔得到地都是；平时用肥皂洗手当天却不用了；自己能穿上背心的当天也要奶奶给穿等。教师千万不要觉得失望和气馁。之所以出现这些情况，一方面是因为幼儿看见家长情绪兴奋，情不自禁地忽略了常规要求；另一方面是因为家长的行为干扰了幼儿的活动。家长看到孩子在幼儿园和在家里的表现不一样：在家不吃饭而在幼儿园大口吃饭；在家很胆小而在教育活动中勇敢地举手回答问题；在家不爱运动而在幼儿园排球拍得很好等。往往在这个时候，家长们就会忘情地叫住孩子："丫丫，爸爸在这儿，看爸爸，给你照张照片！""牛牛，你渴不渴，快过来喝点儿水！"家长的行为分散了幼儿进行常规活动的注意力。还有一个原因，就是教师的准备工作不够周全，教师只注重了幼儿活动前的准备工作（包括活动内容、材料等），而忽略了对家长工作的准备和出现问题时的对策。

那么，为了避免或减少在开放活动中出现幼儿不遵守常规的现象，除了准备好当天的活动以外，教师还应该做好以下工作：

（1）活动前幼儿的准备：在家长开放日活动前，教师要提前对托、小班的幼儿提出一些要求，并鼓励他们好好表现给自己的爸爸妈妈看，爸爸妈妈会很开心。对于中、大班的幼儿呢，虽然他们已经有过家长开放日活动的经验，教师也要和他们一起讨论当天他们应该怎样做，还可以和他们一起制订开放日当天的活动计划。

(2) **活动前家长的准备**：给家长打预防针，利用"致家长的一封信"、家长会、班级博客或者校友录提前公布活动当天的安排以及注意事项，让家长做好心理准备。不必对家长提出若干条的硬性规定，而是要用幽默的语言和人性化的温馨提示让家长明白应该怎样做，并理解这样做的重要性。比如，可以采用下面这样一段话：

大朋友，我要对您说，在我们专心活动时请不要打扰我们（您的相机、手机要静悄悄地）；您要相信您的孩子足够独立，能做好他自己的事情。我们班的孩子一直都是爱清洁、保护环境的好孩子，当孩子稍稍忘记时相信您能及时地提醒他。在孩子们之间发生矛盾时，请给予机会让他们体验谦让、协商解决问题的快乐，在集体中他们一直都是好朋友。也许您的孩子因为激动、情绪不稳定而表现不突出，即使这样，您也要给他鼓励呀！请您在活动当天放下架子，再做一次孩子，和您的孩子一起体会童年的快乐！

(3) **活动中的暗示**：在当天的活动中，教师一旦发现幼儿存在常规问题，要及时地提示和指导。此时的指导既是在指导幼儿，也是对家长的暗示。对幼儿和家长的进步，教师要及时地给予肯定和表扬。

(4) **活动后的总结**：首先，教师要反思开放日活动中的优点与不足，找到常规的不足之处，并设计调查问卷。要多渠道地了解家长对活动的反馈，请家长填写《常规调查问卷》和《反馈意见表》，并把自己的反思和《常规调查问卷》的统计结果告知家长。接下来，教师和幼儿一起总结活动中的成功与不足，引导中、大班的幼儿评价自己和同伴的表现，肯定幼儿常规方面做得较好的环节，鼓励幼儿在下次开放日活动表现得更好。

当然，也许这些工作教师都做好了，开放日活动当天还是不免会出现一些常规问题。但是，还是那句话：教师们千万不要觉得失望和气馁，因为我们都有过这样的童年。

(李裳裳)

33. 在学习活动的操作环节中，如何培养幼儿良好的操作常规？

操作活动在各年龄阶段幼儿的学习活动中都占很重要的位置。操作中的常规培养也就因此显得格外重要，培养得好，能使活动得心应手，大大提高幼儿的学习效果。那么，在操作活动中到底有哪些常规呢？

概括起来有三点：正确使用工具和材料，并在用完后放回原处；保持桌面、地面整洁，把垃圾废物收进垃圾箱；轻拿轻放桌子、椅子。

如何培养幼儿良好的操作常规呢？大家可以尝试根据操作活动的步骤，在活动前、活动中和活动后对幼儿进行操作常规的培养。

(1) 操作前先提要求，让幼儿明确应该怎么做。 向托、小班幼儿提要求时，语言要游戏化、情境化；向中、大班幼儿提要求时，语言要简洁、明确。以美术活动为例，在小班幼儿开始画画前，教师可以用拟人化、游戏化的语言提示幼儿："我们要和小画笔做游戏了，做游戏时不能撕坏小画笔的衣服，做完游戏要把它们送回家哟！"对中、大班幼儿则可以直接提要求："爱护你的画笔，用完画笔要检查画笔的笔帽，然后把它们整齐地摆放好放回柜子里。"

(2) 操作中加强检查，发现问题及时引导。 在幼儿操作时，教师一方面要观察并指导幼儿掌握活动的重点、难点，一方面要关注幼儿常规习惯的培养。比如，在剪纸活动中，要求幼儿保持桌面、地面整洁，把垃圾废物收进垃圾箱。有的幼儿一心扑在剪纸作品上，只顾着把自己的作品展示给大家，而忽略了掉在桌子上的纸屑。发现这种情况，教师要及时地提醒他收拾好自己的桌面后再展览作品，或者对认真整理的小朋友提出表扬，暗示大家向他学习。

(3) 操作后，要及时小结。 教师也可以利用环节过渡的时间对操作活动中的常规情况进行小结。针对不同年龄段的幼儿，要用不同的方法。对托、小班幼儿，教师可以采用演示法、示范法和练习法指导幼儿掌握正确的方法。比如，请一名小朋友搬小椅子，让大家看看他的方法对不对，指导幼儿搬椅子时要轻拿轻放，然后要求所有幼儿都来做一做。中、大班的小结可以用讨论的方法，引导幼儿自己发现问题，制定规则，并自觉遵守规则。教师也可以利用信息技术手段录下操作活动的视频在小结时播放，引导幼儿自己评价操作时的常规情况，并及时地肯定幼儿的良好行为，鼓励幼儿下次能够做得更好。

（吴海梅）

互动环境创设篇

　　幼儿是在与环境的互动过程中展示个性、实现成长的。幼儿园班级环境创设是一个永恒的话题，也是新入职教师必须面对的工作之一。班级环境不仅要体现对美的追求，更要能激发幼儿探索的欲望、满足幼儿探究的需要、展示幼儿创造的能力，要能成为幼儿成长的"老师"。本篇不仅阐述了如何创设生活环境、游戏环境、教学环境、墙饰环境及家园互动环境，还告诉幼儿教师要学会根据幼儿的活动及时更新环境，满足幼儿的探究需要。

34. 幼儿园的互动环境包括哪些内容？
墙饰包括哪些类别？

（1）幼儿园的互动环境包括主题环境、区域环境和生活环境三部分。 每一部分互动环境又具体包括哪些内容呢？

◆主题环境即主题活动的互动环境，包涵隐性的互动环境和显性的互动环境。隐性的互动环境一般是指主题墙饰中幼儿参与制作的部分，大多是以美劳方式体现的。例如：在小班主题活动"高高兴兴来幼儿园"的主题墙饰中，教师可以请幼儿画一些小花、小草、小动物或者用手工粘贴的方法制作一些作品放在上面。到了中、大班，一般是要求幼儿把对主题活动的理解用绘画的形式展现出来，并呈现于下墙，以体现主题的轨迹。而显性的互动环境是指真正能够让幼儿操作的环境。例如：在小班主题活动"春天"中，教师把主题墙布置成春天的景象，有花、有草、有树、有池塘。其中，树的叶子可以让幼儿用夹子夹来练习点数；树干是用磁铁做成的，可以请幼儿把背后粘有磁铁的小动物送回家；池塘里的鱼是用撕拉粘扣做成的；池塘里有各种小鱼的影子，可以供幼儿玩找影子的游戏。在这个主题墙饰中，到处都是幼儿可以直接操作的内容。在中、大班也可以有这些互动环境，但表现形式不太一样。例如：大班"我要上学了"的主题墙饰中有一个"学习真有趣"的板块，在这个板块中，教师为每个小朋友制作了一个小盒子，还制作了许多不同类别的小旗子，幼儿可以根据自己每天的表现插上不同的小旗子，这也是一种互动环境，但相比于小班，这样的互动环境会少一些。

◆区域环境多体现的是区域的一些规则、活动流程提示及幼儿的活动作品。例如：在大班的美工区，教师可以张贴一些陶泥制作、绘画过程的流程图，还可以设置一面作品展示墙，展示幼儿在区域中制作的作品。除此之外，中班的区域环境也可以包括一些竞赛内容和竞赛评比结果的展示。例如：把飞行棋布置在区域环境中，幼儿就可以直接在墙壁上与小朋友进行游戏；在建筑区和"娃娃家"，教师还可以投放一些材料如积木、娃娃的餐具和衣服等，让幼儿直接与环境进行互动。

◆生活环境是整体环境中的重要组成部分，在有效培养幼儿的常规方面起着重要的作用。在创设生活环境时，教师也要考虑幼儿的年龄特点。在小班的生活环境中，除了张贴一些照片和流程图作为提示外，还可以有一些拟人化的布置。例如把幼儿擦嘴时用的镜子装饰成小猫、小熊等各种小动物的脸，这样幼儿在照镜子擦嘴的时候就好像在为小动物擦嘴一样，非常有情趣，无形中也激发了幼儿对这一环节的兴趣。再比如，针对小班幼儿还不会主动饮水以及许多幼儿不喜欢喝白水的情况，教师可以把饮水桶布置成奶牛或者水果榨汁机等，用这种方式鼓励幼儿多喝水。而中班幼儿的生活环境可多以照片形式出现，教师把需要提示的重要部分拍成照片制作成流程图，布置在环境中给幼儿进行提示。到了大班，生活环境则是让幼儿把需要提示的重要内容以绘画的形式呈现出来，或者以点带面用某个小朋友的好经验带动全体幼儿进行学习。

(2) **墙饰主要包括欣赏类墙饰、动手操作类墙饰及思维参与类墙饰。**每一类墙饰的具体内容包括：

◆欣赏类墙饰多体现在美工区域中，教师会提供一些画家的作品、教师自己的作品或者小朋友的作品来装饰环境供幼儿欣赏。

◆动手操作类墙饰是指幼儿可以直接操作的环境，如小班墙面上的磁铁游戏"小动物找家"、"走迷宫"等。

◆思维参与类墙饰多体现在幼儿视线以上的墙饰和主题环境中，如大班幼儿制订的一日计划、学习计划等。

(王秀宇)

35. 小、中、大班怎样布置主题墙?

主题墙是围绕主题活动所创设的一系列涉及物质和精神的墙面环境。幼儿视线以上的墙面体现的主要是中长期目标,往往会涉及健康、社会、艺术、语言等各领域内容;而幼儿视线以下的墙面主要体现的是近期目标,是主题活动中的某一个分支。在布置主题墙面时,要以美观、得体、适合幼儿年龄特点为前提。

(1) 小班幼儿的主题墙饰要富于情境化、生活化,让幼儿能够体会到家的温馨。小班幼儿刚刚离开父母走入幼儿园这个大家庭,面对生活发生的这种巨大变化,他们情感很脆弱,容易产生情绪问题。所以,教师在布置墙面时要营造一种温馨的、家庭式的氛围,材料要选择质地柔软的、多种材质的,颜色不宜太多。例如:教师可以请幼儿带来自己的全家福张贴在"娃娃家"的墙面上,让幼儿时刻都可以看到自己的爸爸妈妈,这能给他们一种无形的安慰。

(2) 中班的主题墙饰相比小班的墙饰,要减少拟人化的布置,要立体,要体现出废旧材料制作的内容,而且幼儿参与的内容要多于小班。墙面的主题内容来源于幼儿生活但不要过于深入,例如根据中班主题"汽车工具总动员"布置的墙面,上面就是幼儿参与的用各种废旧材料制作的交通工具。这既体现了多种材料的结合,又充分展现了幼儿的参与。

(3) 大班幼儿的主题墙饰应更多地体现幼儿的参与。大班幼儿思维活跃,动手能力及其他各方面能力都有所提高。这时的主题墙面布置对于幼儿来说是一个思考、探究、参与的过程，是他们展现自我的平台。可以在墙体上大面积展示幼儿用陶泥、废旧材料等制作的作品，让幼儿体会参与的快乐。此外，因为这个年龄段的幼儿思维活跃、计划性强，墙饰中还可以增加计划、分类、对比等内容。例如：大班主题"时光隧道"中，主题墙展示的是用线描画绘制的四季的轮回，整个绘画都是幼儿参与完成的。"隧道"中展示的是幼儿从在妈妈的肚子里—1岁—2岁—3岁—4岁—5岁—上学的成长过程，穿过"隧道"来到幼儿即将进入的小学，小学中有小学生在上课、游戏、活动（这些内容都是幼儿用陶泥制作的）。主题研究的内容包括：我的身体长高了、我的牙齿发生了变化……然后，过渡到幼小衔接的内容：游戏真奇妙、老师真奇妙、书包真奇妙、朋友真奇妙、学习真奇妙等。这些内容都是幼儿参与过的，多以绘画形式和操作形式展示。与此同时，大班的墙饰还要注意图文并茂和体现幼儿参与的轨迹。

  幼儿园的墙饰内容，应该随季节、主题、节日等因素动态变化。例如：随着季节，变化墙饰的颜色和内容；随着主题的更换和节日的到来，变化墙饰的内容等。

（王秀宇）

36．怎样让墙饰与幼儿进行有效互动？

  环境是重要的教育资源，幼儿的发展是在与周围环境的相互作用中实现的。幼儿园墙饰环境是幼儿园整体环境的一个重要组成部分。墙饰环境的创设能激发幼儿的参与，有利于促进幼儿身心的健康发展，还有助于发挥幼儿的个性和潜能。

  （1）要想让墙饰能够与幼儿进行有效互动，墙饰必须要引起幼儿的兴趣。教师要对幼儿进行观察,与幼儿交流,了解幼儿当前的兴趣和需要。结合这一前提,收集材料,并以幼儿的眼光创设环境,这样才能吸引幼儿。

(2) 墙饰的创设在结合幼儿兴趣的同时,一定要与当下进行的教学活动相结合。如果创设一个与幼儿兴趣和教育内容无关的墙饰环境,会让幼儿感到陌生,不知道怎样进行操作,也就不能与之进行有效的互动。而结合当下的教学活动布置的墙饰,幼儿因为对正在进行的教育活动比较了解,就很容易接受。例如:小班教师在开展养成教育活动后,将在教育活动中出现的"喂动物"的游戏材料粘贴在益智区的墙面上(见图1),并创设相应的情境,使墙面环境在顺其自然的状态中呈现出来,幼儿见到此环境就不会感到陌生,而且,有了在教育活动中操作的经验,他们就会自然地参与游戏,与墙面形成有效的互动。

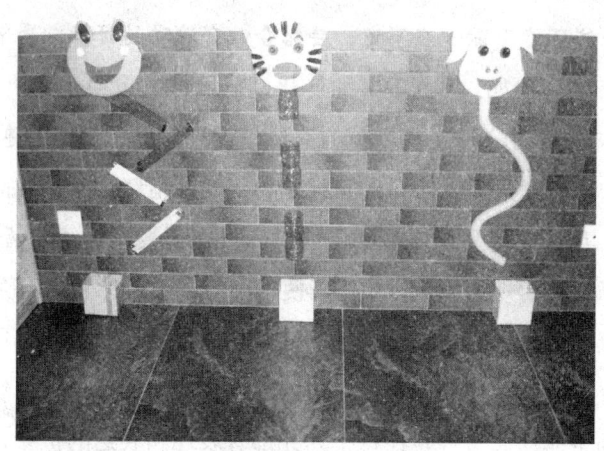

图1 小班墙饰——"喂动物"

(3) 让幼儿参与创设也是促进幼儿与墙饰有效互动的一种方法。幼儿的参与可以是在教师有目的、有计划的引导下的参与。比如:中班要开展"我健康我快乐"的主题活动,教师准备创设一个与主题相关的"看谁长

得快"的墙面环境。在创设此环境时,教师可以通过教育活动与幼儿交流、共同讨论设计方案,然后让幼儿画出自己的自画像,设计身高的标记符号。在讨论到"怎样能长得更高"的话题时,请幼儿将讨论出的好方法用绘画的方式记录下来,并粘贴在墙面上。整个环境创设的过程几乎都是由幼儿自己完成的,这大大提升了幼儿参与的兴趣,让幼儿与环境进行了充分的互动。

还有一种方式是幼儿随机的参与。比如:在"冬天"的主题活动中,各年龄班都结合目标开展了丰富多彩的活动。其中,小班幼儿在美工活动中画了手套、围巾、帽子,并在活动结束后给主题墙上的小动物们"戴上";中班幼儿开展了剪雪花的手工制作活动,并将剪好的雪花粘贴在教室的墙面上;而大班幼儿则在讨论了冬天怎样保护自己后,将讨论的结果展示在墙面上。通过这些活动,幼儿自然地与墙饰进行了互动。

(4)墙饰环境不能一成不变,要结合教育活动的目标、季节及幼儿的兴趣定期变换。比如:根据季节的变化进行墙饰的更换,突出季节特征;根据班级主题活动的开展及目标的完成情况陆续地增添或替换其中的内容。比如小班开学后第一个月的目标是稳定幼儿情绪、让幼儿高高兴兴地来幼儿园,那么环境和墙饰就要围绕这一目标创设。等幼儿情绪稳定后,教师就可以开始常规的培养,如正确使用小勺、正确看书、正确擦嘴等。

(5)教师的积极引导。要想让墙饰与幼儿进行有效互动,还需要教师的积极引导,为幼儿扩展生活和学习的空间。同时,要考虑到幼儿的个体差异,鼓励全体幼儿参与,让每个幼儿都有表现和表达的机会,都能在与墙饰的互动中获得发展,实现自身的价值。

(杨雪松)

37. 主墙饰环境怎样随着幼儿的需要动态变化？

主墙饰环境是指教室里幼儿视线以上，面积最大，起装饰、欣赏作用以及拓展幼儿认识与经验的墙饰，其面积大约占到整个墙面的2/3，多数主墙饰的外面还会有一个画框。它是班级里最显眼、需要教师精心设计的墙面，只要幼儿进入教室内，就会注意到它。主墙饰是整个教室环境的点睛之笔。

主墙饰是潜在的教育环境。它的主要功能是美化班级环境，引起幼儿的观赏愿望，拓展幼儿的认知视野，延伸幼儿的活动兴趣，带给幼儿参与的成就感。在布置主墙饰时，墙面的背景是基本固定的，只是里面的内容要随着幼儿的经验、教学目标和活动主题而不断变化。

（1）内容的系列递进变化。 教师要结合各年龄班的教育任务、学期目标、季节以及节日的变化而变化主墙饰的布置。比如：刚开学时，教师可以在墙面上布置"我们的新家"、"假期到过的好地方"等主题，之后随着学期的推进和教学活动的开展，可以布置"我认识的蔬菜和水果"、"动物之最"、"我知道的运动项目"等主题。再比如：大班初期，结合"我要上小学"的主题活动，教师可以把小学设计成远景呈现在墙面上，因为"上小学"对这个阶段的幼儿来说还只是一个美好的愿望；等大班第二学期参观过小学以后，就可以把小学设计成中景，要让幼儿能够清楚地看到学生们上课、做操、游戏的情景，便于幼儿把对小学的了解添加到墙饰中去；到了大班末期，小学又作为远景，掩映在社区、公路、立交桥的图画中，以启发幼儿思考：如果要安全到达学校，是走人行横道还是过街天桥呢？会经过哪些公共场所、涉及哪些标志、注意哪些危险呢？

(2) **细节的丰富和改变。**教师应结合近期的主题活动内容、幼儿关注的热点问题、班级主要活动来随时更改画面的局部与细节内容。例如：随着新的教学活动主题的出现，小兔子的形象可以换成小狗、小猫、小猴子等。这样，儿童在成长过程中可以随时和环境互动，始终有新鲜感。

(3) **多方面引发幼儿的思考。**主墙饰的布置要能够给幼儿自我表现的机会，要能拓展幼儿的思维。例如："秋天的景色"的绘制要和"秋天的气候"、"秋天的活动"（放风筝、拾落叶、做树叶标本）结合起来，以便满足幼儿的多种表达方式。再比如：小班幼儿的学期认知目标是"认识形状和颜色、能对4个以内的物体进行点数以及认识常见的动植物"等；情感目标是"喜欢和同伴相处、爱上幼儿园、爱小动物"等；健康的主要目标是"不挑食，喜欢吃蔬菜水果"等。为了实现幼儿发展的这些目标，教师可以设计这样的主墙饰：

在一片黄土坡上，有一只穿着绿色衬衫、深红色裙子的小兔子正从远处走来。它挎着一只装满蔬菜和水果的篮子。离它不远处，有一排红白相间的小房子掩映在绿树中间。方形的窗户、三角形的烟囱，让房子看起来漂亮极了。兔妈妈正围着围裙给小兔子做好吃的萝卜呢。

在这个画面中，小兔子的形象和小朋友很接近，符合小班幼儿喜欢拟人化情境的特点；同时，画面又告诉了幼儿兔子的食物是萝卜，这样幼儿就可以帮助小兔子粘贴萝卜。这个墙饰启发这个年龄段的幼儿从多个角度进行思考，满足了他们发展的中长期目标：

◆认识三角形、正方形、长方形，认识红、黄、绿等颜色。
◆感受季节的特征。
◆感知小兔子的生活习性：爱吃萝卜、爱吃菜。
◆对家庭亲情的认识（通过小兔子折射自己的家）。
◆愿意参加集体活动：点画、装饰环境。

◆爱护小动物：为兔子制作萝卜、为小兔子找伙伴（用棉花粘贴小兔子）……

(4) 引发幼儿行为与情感的参与。 要想引发幼儿的深层参与，教师需要在墙面的设计上巧用心思，深入挖掘墙面的情感和社会教育价值。请看下面这个案例：

某年的元旦前夕，大班教师设计了一个新年老人背着口袋在雪地中走的背景墙饰，画面上方还设置了新年倒计时牌。口袋是用皮筋系在新年老人的肩膀上的（拴在墙上的一个挂钩上），并用一圈皮筋扎住，口袋底部有一个拉环一直垂到幼儿可以够得着的高度。老师说："新年快到了，有谁想要送给好朋友礼物，就可以将口袋拉下来，把礼物放进去。但是，不能偷看里面的东西哦！新年联欢会那一天才能打开。当然，爸爸妈妈也可以送礼物给自己的孩子哟！"孩子们听了以后非常兴奋，每一天都有人往口袋里面放礼物。

一个孩子给搬家到广州的好朋友写了一封信，把它放到了口袋里。教师知道后悄悄地联系了那名小朋友的家长，请那位家长寄来了孩子在广州生活的光盘，还有他也想念小伙伴的录音带，教师把那名幼儿在广州的活动录像光盘和录音带放到了口袋里。一位爸爸将自己的一枚勋章带来，希望在元旦联欢会上让他的孩子知道："虽然爸爸不能经常陪你，但是爸爸非常爱你。宝贝这么乖，爸爸才能安心地、出色地完成工作。"……

随着倒计时牌上的数字越来越小，教师发现有的幼儿坐立不安起来。他们问周围的同伴是否给自己送了礼物，有的还用"你给我一个，我给你一个"进行交换。其实，他们不知道，教师会在联欢会的前一天在幼儿们都被接走后，打开礼物口袋把礼物清点一遍，没有收到同伴或家长礼物的小朋友都会得到老师的礼物。

联欢的时刻终于到来了，当教师把口袋从新年老人的背上取下来时，孩子们的目光中都充满了期待。教师读了那位小朋友写给广州小朋友的信，也把广州小朋友邮寄来的录像给大家看了,小朋友间的友谊因此得到了升华。教师还读了那封爸爸写给孩子的信,孩子听到后感动得哭了……

小小的主题墙饰,成为师幼、同伴、亲子间互动的桥梁。

要体现预期计划与随机调整的统一,实现幼儿的兴趣需要与长远发展的统一、集体教育与个体需要的统一,教师在墙面布置时就要随着幼儿的能力发展、兴趣爱好、探究需要调整,为儿童的认识与探索提供及时的支持和帮助。

(刘洪霞)

38. 怎样结合小班幼儿的特点布置互动墙饰?

在创设小班的互动式游戏墙饰时,教师必须结合小班幼儿的年龄特点,使墙饰富有游戏性,既可变又可玩。只有这样,才能满足幼儿发展的需要,真正让墙饰发挥其隐性的教育作用。但在实际工作中,我们常常发现幼儿与墙饰互动频率低或互动不深入。那么,怎样创设一个既让小班幼儿喜欢又能整合发展目标的互动墙饰呢?可以尝试以下几种方法。

(1) **布置可活动的墙饰**。小班的幼儿正处于直觉行动思维的阶段。根据这一年龄特点,教师在创设墙饰时就要考虑让墙饰"动"起来,只有这样才能吸引小班幼儿与之互动。可是,一个不可移动的墙面怎样让它动起来呢?

首先,在选材上就有一定的要求。材料一定要坚固耐用,不能玩一玩就坏了,那样会让幼儿感到失望,下次他们就不敢再去碰了;材料还要安全,

互动环境创设篇

不能选择对幼儿的身体健康有危害的材质。此外，材料最好选择幼儿生活中常见的东西，这样不仅能让幼儿参与到收集材料的活动中，还能让他们感受到生活中一些废旧物的再利用，在潜移默化中帮助幼儿理解什么是创造。综上所述，一般我们可以选择各种饮料瓶、包装盒、布、较安全的木头制品和绳类等材料布置墙饰。

其次，在制作上也有要求。小班幼儿的基本动作有拉、推、拨、捏、敲、搓、扣、抽、按、插等，因此，在制作可活动的墙饰时，教师就要满足幼儿练习这些动作的需要，想办法让上述材料动起来，让幼儿通过拉一拉、敲一敲，改变物品原有的状态，要么使其形状发生改变，要么使其速度发生改变。只有在不断的变化中，幼儿才有兴趣去操作、摆弄这些墙面玩具。这样做不仅是为了吸引幼儿与墙面互动，更重要的是通过这样操作、摆弄，发展幼儿的小肌肉以及手眼协调能力。此外，在与材料的接触过程中，幼儿可以感知光滑、粗糙、软、硬等触感，进而发展他们运用感官感知的能力，激发他们探索的兴趣。例如：

在创设"天气预报"的小墙饰时，教师借用了教室里一个高高在上的暖气管。在暖气管的上下两端各固定一个粘钩，然后把绳子拴成圈，套在两端的粘钩上，让绳子可以上下拉动，并在绳子上固定一个小夹子，将塑封好的太阳、乌云等图片夹在夹子上。这样幼儿就可以随天气的变化拉动绳子，来更换对应的天气标志。

这样一个小小的墙饰通过拉的动作满足了小班幼儿动手操作的需要，让他们感知了滑轮的运动方式，发展了他们的手眼协调能力，培养了他们观察天气变化的能力，真是既有趣味性又富有科学性。一些简单的材料，只是改变了其固有的呈现方式，就增加了几分动感。这就是让墙面动起来的方法。

(2) 布置可探索的墙饰。 小班幼儿是在不断的操作中获得新的经验的，

这就要求教师在布置活动墙面时不能只关注它是否能活动,还要在活动的过程中渗透更多的发展目标,为幼儿提供充足的游戏条件,让他们在与活动墙饰接触的过程中,积极主动地感知、操作、探索、发现,从中获取多方面的经验和能力,为其自主学习奠定坚实的基础。例如:

在开展"有趣的瓶子"主题活动时,教师用瓶子制作了一个游乐场的活动墙饰,即将瓶子制作成幼儿喜欢的各种游艺项目,赋予它们可操作、可探索的游戏性。其中,教师用各种饮料瓶制作的瓶子弯道最受幼儿欢迎。幼儿通过在上面操作小球发现:小球在不同的弯道中滚动的速度也不同,而且弯越多速度越慢。逐渐地,他们还迁移经验选择一些他们自己发现的物品如积木、瓶盖等来代替小球进行操作。在这个游戏中,幼儿不仅能感受到滚动玩具带来的乐趣,还能获得自己选择材料探索滚动速度的乐趣。他们在自主的游戏中大胆地进行探索,为其自主学习奠定了基础。此外,教师还利用蛋糕盒底盘制作了可以旋转的观览车以及依靠磁铁吸力制作的小停车场,这样既满足了幼儿不断探索的兴趣,同时也渗透了数学的排序、分类、点数等学习内容。

此外,在创设可探索的活动墙面时,教师还要注意让游戏方式、内容、结果具有开放性,这样才能为幼儿提供充足的探索空间。例如:在"投喂鱼食"的小墙饰中,教师选择了冰棍棒、各种豆类、瓶盖、废旧笔帽、不同质地的球等材料,让幼儿根据形状、颜色、高矮、质地等来对这些材料进行排列、比较、点数等游戏活动。同时,教师还根据幼儿游戏的不同需要制定了不同的游戏规则,或者个人游戏或者多人游戏,大大拓展了幼儿游戏的选择空间。

(3)布置富有情节的墙饰。要想调动幼儿积极参与活动,需要教师生动形象的引导。墙饰布置也一样,也要求教师先了解清楚幼儿喜欢什么、爱看什么,然后用他们喜欢的颜色、形象、情节来装饰墙面。例如:

在布置"故事大王"的游戏墙饰时,教师选择了小班幼儿特别喜欢的颜色鲜艳的材料,设计了可以折叠的故事大书。这样,幼儿不仅能自由地旋转、翻转故事大书,利用故事大书的背景来讲故事,还能感知到改变拉拽方式能呈现出的不同的背景,进而体验到不同的看书方式——由原来的坐着看书变为站着看书,或者几个人同时看一本书。这一改变既解决了小班幼儿喜欢从众的游戏特点,又满足了幼儿主体意识体现的需要。并且,在故事大书中教师运用了幼儿喜欢的卡通形象,通过插、接的方式改变人物的位置让幼儿来讲述故事,这样更加富有情趣与动感,使幼儿在讲述故事的同时更加积极、投入。

因此,在布置墙饰时赋予游戏墙饰一个情节,能让幼儿更加富有情趣地参与到与墙饰的互动中来。

(4) 布置包含整合目标的墙饰。幼儿在与墙饰的互动中感受着学习、探索的乐趣。一个墙饰中不能只包含一个领域的目标,要整合所有有利于幼儿发展的适宜目标,充分发挥墙饰隐性的教育作用。例如:

在布置"回家路上"的互动游戏墙饰时,教师以幼儿的"全家福"照片作为游戏墙饰的终点,将整面墙布置成游戏棋的样子。幼儿可以用由他自己的照片制作成的棋子,在整个墙面上"走来走去"。小朋友拿着照片从幼儿园出发,每走到一个格子中就会有一个小游戏要求他来完成。比如:"帮助农民伯伯摘苹果",点数摘了多少苹果;"给小动物喂食物",区别动物的食性并学习一一对应;"分蔬果",根据水果、蔬菜的影子找到对应的水果、蔬菜。幼儿需要冲破道道"难关"才能到达自己的家。这个游戏既让幼儿学习了分类,又培养了幼儿细致观察的能力。

这样的墙饰不但让幼儿在游戏的情节中感受到了游戏的快乐,更让幼儿体验到帮助别人的快乐,潜移默化地培养了他们乐于助人的良好品质。

幼儿在完成每一步的游戏时也学会了点数、分类、排序、比较等知识技能。同时，在富有情节的游戏中，他们获得了彼此交流的机会，发展了语言表达能力和与他人交往的能力。

小小的一面墙饰融入了数学目标、语言目标、艺术目标以及社会目标，突显了环境育人的重要作用。

(刘瑶)

39. 幼儿视线以上的墙饰和视线以下的墙饰在布置上有什么不同？

互动墙饰是教育环境的一部分，它一般和班级的教育主题以及教育内容相配合，要符合各年龄班幼儿的特点和教育目标的要求。墙饰的布置一般分为两部分，一部分是幼儿视线以上的墙饰，一部分是幼儿视线以下的墙饰。这两部分墙饰在布置上既相互联系又有所不同。其不同主要体现在以下三个方面：

(1) 主题表现的内容不同。 视线以上的墙饰主要表现的是主题的背景、框架，目的是给幼儿一个宏观的认识。例如：针对大班主题"我要上小学了"，视线以上的墙饰就可以设计成小学的场景图；针对中班主题"各种各样的车辆"，视线以上的墙饰就可以设计成马路或小区；针对小班主题"我爱妈妈"，视线以上的墙饰就可以设计成很多孩子围着妈妈的场景。

视线以下的墙饰主要是对主题内容的展开，是就主题下的某一小问题进行思考和探讨，是比较微观的、细化的。例如：针对大班"我要上小学了"的主题，视线以下的墙饰就可以设计成小学生的一日作息、怎样才能戴上红领巾等；针对中班"各种各样的车辆"的主题，视线以下的墙饰

就可以设计成各种类型的车辆以及车辆的用处、标志等。

(2) 主题表现的方式不同。视线以上的墙饰主要是以欣赏类为主。例如：针对大班"我要上小学了"的主题，教师可以和幼儿一起设计一个小学的场景图，供幼儿每天欣赏，让他们了解小学的各种设施、活动等，帮助他们做好幼小衔接；针对小班的主题"春天"，教师就可以把视线以上的墙饰设计成春天的景色图，包括春天的树、人、动物等，让幼儿能够在班里就感受到春天的气息。

视线以下的墙饰主要是以操作类、绘画类、制作类为主，主要体现幼儿与墙饰之间的互动。例如：针对大班主题"我要上学了"，教师可以在下墙设计一个书包，旁边放有很多的实物或照片，让幼儿选择书包里要放哪些东西以及应该怎样放才合理等。还可以设计一个"小学生的课间10分钟应该做什么"的话题，让幼儿展开想象并画出来；针对中班的主题"各种各样的车辆"，教师可以让幼儿每人画一个自己熟悉的车辆标志或者设计一个车标，还可以利用各种废旧材料引导幼儿制作不同类型的车等，以充分发挥幼儿的主体性和参与性。

(3) 体现的目标不同。视线以上的墙饰主要体现该年龄段幼儿应达到的中远期目标。例如：针对大班"幼儿园的回忆"主题，教师可以把幼儿园所有教过该班孩子的教师的照片贴在上墙，让幼儿在这个过程中学会感恩，而这不是一两次活动就能实现的；针对中班"各种各样的车辆"主题，教师可以把上墙布置成一个小区的背景图，让幼儿了解自己身边的环境、喜爱周围的环境，学会有目的、有顺序、连续的观察等。

视线以下的墙饰主要体现近期目标。要随着主题课程的推进，逐步深入或更换。视线以上和视线以下的墙饰虽然有不同之处，但都要体现幼儿是环境的主人这一特点，通过墙面的布置让幼儿充分地探索、参与，发挥幼儿的主动性，让幼儿在与墙饰的互动中获得发展。

（贾华）

40. "天气预报栏"如何设计？怎样让幼儿感知天气和生活的关系？

(1) "天气预报栏"的内容要随幼儿的年龄特点而变化。"天气预报栏"应包括当天的气象信息、天气的渐变过程以及动植物、人类的活动与天气的关系。从小班到大班，"天气预报栏"的信息量要逐渐增加。小班强调的是即时性天气；中班强调天气的综合情况，如气温、风力、穿衣指数、洗车指数、空气污染指数等，还可以给出爱心提示（多喝水、防风沙）；大班需要记录天气的渐变过程，观察天气与人们生活的关系，了解四季轮回的规律等。

(2) 引导幼儿学会记录天气。小班幼儿只要能够观察天气，并找到相应的风、云、雨、雪的图片并张贴在"天气预报栏"就可以了。中、大班幼儿重在感知具体的天气变化，例如教师要引导幼儿学会用温度计记录气温，学会倾听天气预报的信息，并了解什么是最高气温、什么时间的温度最高、什么地点的温度最高以及温度与湿度有什么关系等。每一个小问题都有专门的小组负责每天记录，一个地点有几只温度计（水银的、酒精的）用于测量，大家共同得出正确的结论。幼儿不但要记录时间、温度、风力、湿度，还要提示大家怎样着装。

(3) 引导幼儿通过天气变化认识世界。让幼儿了解四季的天气变化，讨论中国夏天最热的地方和冬天最冷的地方在哪里。通过看新闻，让幼儿了解同一天不同的地方有不同的天气，以及同样的天气人们的不同感受。例如：下冰雹了，孩子们可能会很开心，而瓜农们则因为西瓜被砸坏很伤心，大人们的出行也受到影响。

随着幼儿年龄的增长，教师还可以和他们一起讨论"世界上最热的地方和最冷的地方分别是哪里"，认识到"生活的区域气候不同，人们的着装和生活方式也不同"……引发幼儿对世界的探索兴趣。

(刘洪霞)

41. "天气预报"墙饰怎样体现小、中、大班幼儿的年龄特点？

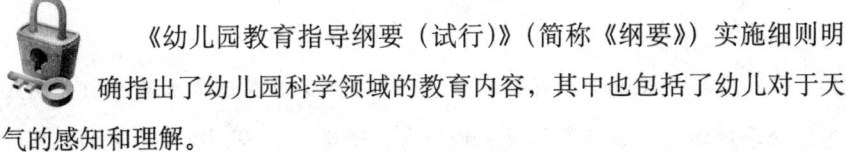

《幼儿园教育指导纲要（试行）》（简称《纲要》）实施细则明确指出了幼儿园科学领域的教育内容，其中也包括了幼儿对于天气的感知和理解。

(1) 根据小班幼儿的年龄特点，《纲要》要求在日常生活（如散步、出行）中，引导幼儿感知四季最明显的特征，以及下雨、下雪等自然现象，体会天冷了多穿衣服、热了少穿衣服等人与自然的关系。基于教育内容的考量，小班的"天气预报"墙饰可以设计为一个大轮盘，上面分为春、夏、秋、冬四个部分，然后可以将四季的明显特征画下来，让幼儿去配对，以增强墙饰与幼儿的互动性。另外，还可以准备不同季节的服饰如长袖、短袖、长裤、裙子、围巾、手套、毛衣等的图片，让幼儿分别贴在相应的季节旁边，了解服装要随着天气而相应地变化，更进一步认识人与自然的关系。此外，还要引导幼儿熟悉并了解一些自然现象，如雨、雪等，向幼儿提问："遇到这些天气我们应该怎么办？什么物品可以帮助我们？"请幼儿找出雨伞、雨鞋、雨衣、帽子等应对这些天气的物品照片。

(2) 根据中班幼儿的年龄特点，《纲要》要求在日常生活中，引导幼儿探究和发现四季的明显特征，说出四季名称，比较晴、阴、雨、雪等天

气现象,体会人们如何通过增减衣服适应气候的变化。基于教育内容的考量,中班的"天气预报"墙饰要增强幼儿的自主性、参与性。例如:教师可以准备一些数字卡片和代表各种天气现象的图标,让幼儿自己挑选出当天的日期卡片和天气图标,并说出目前所处的季节。在这一过程中,幼儿了解到天气会随着季节的变化而变化,而且也可以认识一些天气现象及其图标的表示方法。教师还可以提供一些服装的图片,让幼儿进行挑选,想一想这样的天气适合穿哪些衣服。因为中班的幼儿有了一定的绘画技巧,所以可以让幼儿在季节的旁边画上代表该季节的一些积极事物。比如:春天,桃树开花、柳树发芽了,人们穿上了春装,小朋友们开始锻炼身体,小动物们也开始出来活动等。让幼儿通过自己的多种感官去探究发现四季的明显特征。

(3)根据大班幼儿的年龄特点,《纲要》要求在日常生活中引导幼儿感知四季对动植物生长变化及人们衣着、生活的影响,观察不同的天气现象(风、雨、雪等),发现它们与四季的关系,主动想办法适应天气的变化。基于这样的教育内容,大班的"天气预报"墙饰可以让幼儿自己记录下每天的日期、季节、气温、天气现象等,进行一段时间的气温比较,找出气温的走势规律,进一步了解四季是如何更替的、每个季节大致的温度是多少、每个季节明显的天气现象是什么,并统计出一个月内晴天的天数、阴天的天数等,这是对幼儿数学方面能力的培养。还可以设计一个穿衣指数,让幼儿自己思考应该穿什么样的衣服,并用图画的方式表现出来,以增强他们的自主性和独立性。另外,引导幼儿记录每天的空气污染情况,让幼儿了解沙尘天气对生活的影响,询问幼儿"我们应该如何去改善空气质量",以增强幼儿的环保意识。

虽然都是"天气预报"的墙饰,但因为每个阶段幼儿的年龄特点是不同的,所以在墙饰的布置和设计上也要有所区别,以符合幼儿的认知发展水平。同时,还要增强墙饰与幼儿的互动性,让幼儿能够真正参与进来,调动他们的积极性和兴趣,这样才能让他们真正了解天气、环境和我们人类的关系,也才能更好地去适应天气。

(贾华 刘瑶)

42. 如何把文字与教室环境有机地结合起来?

在创设教室环境的过程中,经常会出现或多或少的文字,文字主要是用来对所创设的环境进行注解,或者在幼儿认识文字的情况下,帮助幼儿理解教育内容和教育活动的目的,同时还方便教师帮助幼儿归纳、总结、提升其知识经验。可见,在教室环境中出现一些文字是没有坏处的。但是,在创设识文字环境时,如果处理不当,会使文字与环境割裂开,达不到让幼儿亲近文字的目的。那么,应该怎样创设文字环境呢?教师应考虑以下几个方面:

(1)文字应与环境有机地融合在一起。很多人不赞同在教室环境里呈现文字,认为会给幼儿带来压力和负担,至少也有"机械灌输"、"强迫认字"之嫌,甚至以为这是违反幼儿天性、抹杀儿童天真的不良举措。的确,如果只是单纯地呈现文字,强迫幼儿认字,割裂文字与周围环境的关系,那么这样的认字过程对幼儿来说无疑是痛苦的,也是我们不提倡的。但是,当幼儿在环境中无意识识字的时候,认字对他们来说就是一种快乐的享受了。比如,根据幼儿日常生活的需要,教师可以在玩具柜的每一格都贴上相应的汉字标签,这样幼儿在寻找、取放玩具的过程中会自然习得汉字。再比如,在科学角布置"交通标志"图时,让图与文字对应,幼儿在分辨各种标志特征的过程中,也会无意识地认识汉字。

(2)文字环境应与主题活动联系在一起。幼儿园各项教育内容都有其

自身的目标,识字环境的创设也不例外。在环境创设中,有机渗透汉字教育,让幼儿在全面感受幼儿园课程要求的同时,适当认识一些汉字,也能促进课程目标更好地实现。教师可以结合综合主题教育活动,创设与主题相应的汉字环境。比如:在"我爱我的家乡"主题活动中,教师在主题角张贴了《中华人民共和国地图》,引导幼儿掌握地图的相关知识,知道北京所处的地理位置;在活动区布置了北京名胜古迹的图片;在自然角里放置了北京的土特产照片以及市树、市花的图片等。幼儿在欣赏图片、认识物品的同时,自然认读了汉字。幼儿还自己去收集北京的老照片,了解老北京的历史,收集北京各景点的门票,主动认读有关的文字说明。在这个活动中,幼儿不仅对家乡有了更深刻的了解和认识,产生了深厚的感情,而且主动与老师、同伴、家长交流,增强了沟通能力。

(3) **文字环境的创设应该邀请幼儿一起参与。**在创设文字环境时,除了遵循趣味性的原则,还要邀请幼儿参与进来。比如:教师可以先在彩色的卡纸上用卡通的字体写上"娃娃家"、"图书角"、"理发店"这几个字,字体要大。然后,请幼儿用剪刀剪下这几个字,并张贴在对应的活动区中。再比如:在美工区活动中,教师可以命名绘画的主题,如"我的妈妈",然后请幼儿绘画,并把作品连同名字一起张贴在美工区中。这样幼儿在做做玩玩、剪剪贴贴的过程中就学习了汉字,与汉字交了朋友。同时,他们的兴趣爱好和心理需求也得到充分的满足。

(4) **文字环境应该是动态的、可变化的。**因为环境在有意或无意地向幼儿传递着信息和经验,因此,幼儿园文字环境必须是一个动态的、可变化的环境。比如:制作包含"年、月、日"、"气温"、"天气"等几个板块的"天气预报栏",由值日生用汉字插上当天的日期、气温及天气,报告气象情况;引导幼儿认识每天的菜谱;让幼儿公布每天的值日生和升旗手名单。教师还可以在幼儿园每层楼梯的墙面上,经常布置、更换一些幼儿的美术作品,并在作品的右下角贴上"作品主题"、"作者姓名"的标签,

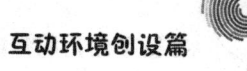

这样既让他们产生了成就感，又培养了他们关心班级、关心自身、学习同伴的品质，同时，在不知不觉中又让他们认识了许多汉字。

此外，随着季节的变化，教师可以在幼儿园的种植园中，为不同的植物插上相应的字牌；在科学角里，布置蚕宝宝、小蝌蚪的成长过程图，并在每张成长阶段图片旁贴上"字宝宝"，引导幼儿在饲养、观察的过程中进一步掌握相关的科学知识，自然习得汉字。教师还可以结合一年中不同的节日，如"元旦"、"三八妇女节"、"植树节"、"清明节"、"端午节"、"五一劳动节"、"六一儿童节"、"国庆节"、"重阳节"等，将介绍节日习俗的一些图文并茂的内容张贴出来，渗透汉字教育。

在幼儿园环境中有机渗透识字内容将幼儿引入一个汉字世界，能让幼儿在不知不觉中亲近汉字、喜爱汉字、了解汉字，激发幼儿主动学习汉字的强烈欲望。总之，只要我们遵循幼儿的认知特点，创设识字环境有度，幼儿的识字兴趣必将越来越浓，其潜能也将得到进一步的开发。

(刘瑶)

43. 区角环境如何与主题活动相结合？如何把握其中的尺度？

(1) 考虑主题的内容和目标。 区角活动是幼儿园教育活动的形式之一，是服务于主题活动目标的，是主题活动的一种有效补充，可帮助完成在教育活动中未完成的目标或者巩固幼儿刚刚习得的某种技能。因此，在创设区角环境时要考虑主题的内容和目标。比如：小班在进行"我最棒"这一主题活动后，教师就可以根据这一主题活动中"让幼儿自己学习穿脱衣服"的内容，在操作区中为幼儿提供扣子、拉链等玩具材料，为他们提供练习的机会，帮助他们巩固所学的技能。

◆区角环境与主题活动的结合还要考虑区角的功能和特点，不要为了结合而结合。首先，要确定在主题活动中渗透了哪些目标，这些目标可以在哪些活动区中渗透。比如：大班"春天"的主题活动目标是让幼儿感受春天的特点，并尝试用多种手段表现春天的特征。根据这些主题目标，教师就可以在自然角中提供春天的花的图片、植物生长过程的图片；在美工角可以为幼儿提供粉色和黄色皱纹纸进行团球粘贴迎春花的活动；在音乐角可以为幼儿提供《小燕子》等歌曲，使主题活动的目标真正深入地渗透到区角中。

◆对于同一个主题活动目标，区角材料的投放形式可以多种多样，可采用不同形式与主题目标结合。比如：在"春天"主题活动中，一个活动目标是"让幼儿了解小蝌蚪生长变化的过程"。针对这个目标，教师在自然角可以通过投放图片让幼儿了解蝌蚪变化的几个过程；也可以投放实物蝌蚪，让幼儿在观察中感知变化的时间和过程；还可以利用拼图，巩固幼儿的知识。但要考虑到所投放材料的数量要满足幼儿操作的需要。

(2) **为主题教学做准备。**区角活动不但是主题活动的一种有效补充，也可以为主题教学做准备。主题活动的开展需要在幼儿已有相关经验和技能的基础上进行，为此，教师在开展活动前要帮助幼儿丰富和掌握有关的经验和技能。这样一来，区角活动就成为幼儿获得一些主题教学所需要的经验或技能的有效渠道，幼儿可以通过区角活动，为顺利参与到主题活动中做好准备。

活动区材料的投放不是一成不变的，需要教师根据主题活动的不断深入和幼儿的兴趣随时进行调整和更换，要有目的、有计划地，循序渐进地进行。只有这样，才能真正做到区域与主题的有效结合。

（杨雪松）

44. 如何布置"新闻墙"？

(1)"新闻墙"上的新闻应是幼儿眼中的新闻。"新闻墙"上的内容不该是我们成人世界里的、电视里播出的和报纸上登载的新闻。比如：有个班级在临近2008年奥运会时设置了"申奥倒计时牌"。当幼儿被问到什么是"申奥"的时候，他说："深奥就是不明白。"看来，儿童不能理解这个专项名词的含义。由此可见，"新闻墙"上的新闻应是幼儿眼里的新闻，是和他们生活密切相关的事情，成人眼里的小事情可能是他们眼中的大事情。例如：某个幼儿给他刚刚烫了头发的妈妈画了一张画像，并张贴在"新闻墙"上，然后对其他小朋友说："我妈妈烫了一个羊尾巴头，特难看，不信晚上她来接我时，你们看看。"诸如此类的新闻还有"我家小狗生狗宝宝了"、"我家来了个小哥哥"、"幼儿园草地上有蚯蚓"……这些都是他们关注的新闻，是他们自己的新闻。概括来说，儿童的新闻内容主要包括三个方面：

◆社会热点问题。即幼儿能够理解的社会热点，如"下大雨让好多车开不动了"、"公园里的迎春花开了"等。

◆幼儿园和班级的新闻。即在幼儿园和班级里发生的事情，如"幼儿园新来了一个男老师"、"××老师要生小宝宝了"、"自然角的蜗牛下小蜗牛啦"等。

◆个性化新闻。即幼儿自己的新闻，如"我妈妈烫头了"、"我家新养了一只小狗狗"等。

(2)幼儿的年龄段不同，"新闻墙"上的内容范围和深度也不同。小班"新闻墙"上的内容，多半是教师引发一个大家共同关心的话题，让幼儿描述，话题范围一般比较小，如"我家的好玩具"、"我喜欢的动物"等。

而中班、大班的新闻主题相对宽泛，具有一定的拓展性，如"来园和离园的路上"（既可以进行对各种社会机构、车辆的观察，也可以记录发生的事件）、"我知道的小学"、"我去过的好地方"、"汽车的里面和外面"等。

(3)"新闻墙"要有常规活动的支持。儿童的兴趣是需要成人引导的，儿童的短暂兴趣需要成人的支持和强化才能成为持久的兴趣，进而形成系统的探究行为。设置"新闻墙"的目的是为了引起幼儿对周围世界的关注、思考和探索。为了保持幼儿对"新闻墙"的长期兴趣，教师可以开展一些常规活动进行强化，例如：在过渡环节开展"小小新闻播报员"的活动，请幼儿向大家讲讲自己了解的新闻，然后由教师排版打印出来贴在"新闻墙"上；也可以在"新闻墙"旁边摆放一张桌子，请幼儿把与新闻有关的材料放在上面（如暑假旅游时带回来的纪念品）。要给幼儿交流新闻的机会，否则幼儿的兴趣是不会长久的，新闻也就没有意义了。总之，常规活动的支持能使幼儿对新闻有较长时间的关注。

(4)"新闻墙"也要注重满足幼儿的个别需要。每个"新闻墙"虽然一般只有一个热点主题，但是在边缘处也要有其他新闻展示的空间，既可以用图片表示，也可以用实物表示，以满足幼儿的个别需要。比如：有次有个幼儿将自己掉了的四颗牙齿装在首饰盒子里，放到"新闻墙"边缘的展架上，让大家看自己的收藏，并且自豪地告诉大家自己一颗虫牙也没有。后来，"新闻墙"就多了一个展示牙齿的板块，许多幼儿将自己掉的牙放到展架上并写上自己的名字展览。有个幼儿甚至把自己拔下来的牙齿也展示了，大家发现拔下来的牙齿都发黑了，而且有牙根，这一对比让他们知道了保护牙齿的重要性，他们也就更加认真地刷牙了。

(5)"新闻墙"要有延伸的空间。"新闻墙"的功能看似只是展示幼儿眼中的世界，其实它也是幼儿认识世界的窗口，是群体交流经验、体验快乐生活的途径。每一个热点都是新的探究的开始，教师需要根据幼儿的兴趣和需要拓展"新闻墙"的空间，例如针对"我喜欢的动物"这个新闻主题，教师可以在图书区添加《百科全书》、在电脑区添加动物光盘,以支持幼儿的进一步探究。在轮换下一个热点主题以前,教师还可以将现有的主题装订成册,留下空白页,感兴趣的幼儿仍然可以继续添加内容。

(刘洪霞)

45. 怎样让幼儿更加关注和理解"新闻角"的内容?

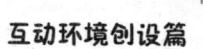

幼儿园每个班级都可以设置一个"新闻角",特别是大班,非常有必要。随着年龄的增长,幼儿的好奇心和求知欲逐渐增强,他们不再仅仅关心他们自己或身边的事,也开始关心周围地区乃至整个国家发生的大事。我们要满足幼儿的这种需求,为他们创设一个环境去感知和了解。

如果只是单纯地张贴一张或几张新闻照片,很难吸引幼儿参与到"新闻角"的活动中来。要让他们真正参与进来,并引起他们的兴趣,就要增强新闻角与幼儿的互动。

(1) 拓展新闻背后隐含的各种知识,让幼儿更深入地了解新闻。一条新闻会包含很多的信息和内容,教师应该努力去挖掘和探究,让幼儿保持新鲜感和对新闻的兴趣,才能吸引他们不断参与。比如"2008 年的奥运会在北京召开"这条新闻,几乎所有的小朋友都知道,举办的时间和地点他们也都很清楚,看似没什么需要再进一步了解的,其实不然,教师可以把奥运会所有项目的图标和文字都摆放在"新闻角",让幼儿进行配对,以便了解有哪些具体的项目,在这个过程中也能让幼儿认识不少汉字。另外,可以把所有场馆的照片贴在"新闻角"的墙上,让幼儿将比赛的项目与各个场馆相对应,了解每一个场馆所进行的比赛项目。还

可以做一个统计表，将幼儿感兴趣的项目列出，用文字和照片描述这个项目的比赛规则，以便幼儿进一步认识比赛项目。另外，还可以统计幼儿所关心的关于奥运会的问题，每周解决一个到两个问题，不断扩充幼儿对于奥运会的认识。

(2) **让幼儿成为新闻事件的参与者**。如果是局外人，幼儿很可能没什么兴趣去关注新闻。但让他们成为新闻事件的参与者后，他们的关注程度就会大大增加。比如：2008年的汶川大地震发生后，每天的电视、广播都在播放与之有关的新闻，幼儿也有所了解，知道有很多人在受苦受难。为了让他们参与进来，教师设计了这样一个"新闻角"：请幼儿画出如何帮助他们度过难关？通过这个问题来引发幼儿的思考。之后，组织爱心捐款，把捐款时的照片拍下来，贴在"新闻角"，这样他们就会更多关注这条新闻。

(3) **请幼儿记录班级和幼儿园发生的新闻**。虽然随着年龄的增长，幼儿开始喜欢关心和了解身边的大事，但这些事情，很多与他们自己的生活没有多大关联，他们可能不会表现出很大的热情。如果新闻就是在班级里、幼儿园里发生的，那就大不一样了，他们会很感兴趣。可以每天请两三个小朋友说说他们发现的新闻，然后请大家共同选一个最合适的贴在"新闻角"，这样增强了幼儿的自主性，进而激励他们积极去发现和寻找新闻素材。

(4) **及时更新新闻内容**。新闻的最大特点就是内容新。只有新鲜的事情才会吸引人去关注，因此，"新闻角"的内容最好两三天就换一次，一直保持着新鲜感，幼儿自然就会关心和参与了。

总之，要想让幼儿参与，就要增强幼儿的自主性，让"新闻角"和幼儿进行有效的互动。

(贾华)

46. 小、中、大班的自然角主要区别在哪里？如何具体创设？

自然角是小、中、大班不可缺少的活动区之一，是幼儿了解自然知识的一个窗口。在自然角，幼儿通过观察可以了解动植物的特征和生长过程；通过探究活动，可以激发他们对周围世界的关注及探索兴趣；通过学习种植，可以了解简单的种植知识，并学习照料动植物，培养爱护动植物的情感。由此可见，自然角的建立能帮助幼儿丰富很多知识，因此，教师有必要为幼儿建立一个他们喜欢的、能满足他们发展需要的自然角。

在不同的年龄阶段，幼儿的身心发展特点和水平存在着差异，因此，小、中、大班的自然角环境创设也应有所不同。具体可参考以下方法：

(1) 小班自然角的环境色彩要鲜明，动植物要易于观察、识别。 小班幼儿对周围世界充满浓厚的兴趣，对新鲜事物具有强烈的好奇心，看到新奇的事物会主动接近，并努力探索其中的奥秘，尤其对那些形象鲜明、具体生动、能引起强烈情绪的事物更感兴趣。因此，在创设小班自然角时，教师一定要选择色彩鲜明、形象生动、易于让幼儿观察认识的内容，并且要注意分类清楚。比如：可以在自然角张贴幼儿熟悉的小动物或植物的图片，如兔子、鸡、鸭、鱼、水仙花等，让幼儿了解它们的外形特征；还可以把水果和蔬菜装饰成各种娃娃（见图2），或者把种植的器皿设计成一列小火车（见图3）、把花盆装饰成小动物的样子（见图4）等，增添材料的新鲜感和趣味性，这样更能吸引幼儿进行欣赏和观察。

图2 水果娃娃　　　　　图3 火车小花盆

图4 动物小花盆

(2) 中班自然角的材料要相对丰富，要为幼儿观察和记录提供条件。对于中班幼儿，教师要鼓励他们主动观察、探索周围常见事物及其变化的简单规律，并从中体会到愉快的情感。因此，中班自然角的材料要相对丰富一些，应包括种子类、养殖类、干果类、水果类、蔬菜类、标本类等，还要提供用不同方式种植的植物，如水培植物、土培植物等。此外，为了多角度培养幼儿的观察力，教师还可以创设实验类的环境，如吸水性的实验、地膜实验、不同种植形式的实验等。为幼儿准备观察记录表或观察记录本，教会他们认识各种文字标记，指导他们通过个人和小组两种方式观察和记录植物的变化。

(3) 大班自然角的创设，应更多地为幼儿提供能够进行观察比较的东西，让他们积极地参与和探索。比如按照植物的特点，提供阔叶类、花卉类、针叶类、耐旱类、喜水类、爬藤类等植物（见图5）。同时，还要考虑到幼儿的需求，为幼儿提供多种参与的机会。比如可以给幼儿提供各种植物的种子，让幼儿自由选择并种植，然后指导他们自己设计制作小标牌，自己进行观察记录等；还可以引导幼儿对废旧材料进行加工创造，把它们变成有用、精美、新奇的种植容器。

大班的自然角应更具有探索意义。比如，指导幼儿在水培植物里滴上几滴红色的颜料，让幼儿观察植物的变化（见图6），或将种植的两种相同的植物做不同的处理：一个在自然环境中生长，一个盖上不透明的盖子不见阳光，让幼儿在一段时间后对比其变化。通过这些实验，让幼儿知道植物生长需要水、阳光和空气等。在大班的自然角，教师还可以结合幼儿的兴趣饲养乌龟、金鱼等小动物，让幼儿了解动物的习性，激发他们爱护动物的情感。还可以结合季节特征饲养蝌蚪等动物，引导幼儿观察记录动物的生长变化。记录是培养幼儿观察、总结能力的有效方法，因此，它是区角创设不可缺少的内容。

图5 爬藤类植物

图6 水培植物的变化

总之，自然角能够激发幼儿对自然的热爱，对周围世界的关注及探索兴趣。教师应深入挖掘其教育意义，为幼儿创设有趣味性、观察性和参与性的自然角环境。

（杨雪松）

47. 自然角的植物刚种下，幼儿就把它们长出来的情况在生长日记上提前画完了，怎么办？

之所以会出现这种情况，可能有两种原因：一是幼儿没有耐心，急于完成任务；二是幼儿不懂得生长日记如何写，不知道植物的生长是一个过程以及生长日记要把这个过程完整地记录下来。

科学是严谨的。教师让幼儿对植物生长进行记录，是为了培他们的观察能力和对科学探究的一种良好态度，并不是为了让他们练习画画。因此，对于第一种情况，教师要告诉幼儿必须科学地记录植物的生长过程，如果幼儿这样做了，会得到教师奖励的一个星星的贴纸。而对于第二种情况，教师可以分以下步骤进行具体的指导：

(1) **集体讨论可以记录哪些内容，并指导幼儿进行观察和记录。** 教师和幼儿一起讨论可以记录植物生长过程中的哪些内容，如植物的形态、生长过程、所需要的生长条件等，并告诉幼儿，针对每一块内容，他们如何进行观察与记录。具体内容如下：

◆记录日期、时间、植物的名称。作为植物生长日记，首先要有日期和时间的记录。不一定每天都记，有可能两天的生长状况差不多，那就隔一天再记录。这样，日期和时间就一定要写清楚。

◆完整记录植物的生长过程。植物种子种下了，就一定会发芽、开花、结果吗？不一定是这样，而且，不可能一下子就长那么大，是要经历一段时间的。因此，教师要引导幼儿记录完整的生长过程，从最开始钻出一点儿小芽到慢慢长出一片叶子。在这个过程中，幼儿需要细心地观察、耐心地记录，并在记录中真实地反映出来。比如：发了几个芽、是什么颜色的？叶子的形状如何、叶脉是什么样子的？叶子的生长方向是怎样的？

◆记录植物生长所需的条件。植物的生长需要很多的外部条件——土壤、水分、阳光等，在做记录的时候，这些都要有所体现。比如：第一天浇了多少水，植物吸收了吗？发芽了吗？第二天又浇水了吗？发芽了没有？第三天还没发芽，就该想一想水浇得合适吗？多了还是少了？第四天还没发芽，是不是考虑给它换个地方，等等。告诉幼儿："这些情况你们在记录的时候都可以画下来，这个记录的过程体现了你们的探究和思考，说明你们不只是在练习画画。"

（2）鼓励幼儿记录自己的疑问和猜想。在记录植物生长的过程中，幼儿一定会产生一些疑问，比如：叶子会长成什么样子？什么时候开花？这种植物喜欢什么样的生长环境……鼓励幼儿把这些疑问都记录下来，并进行大胆的猜想。然后，引导他们将自己的猜想画下来，最后和现实相比较。这也是幼儿主动探究的一个过程。教师要鼓励幼儿大胆地提问和猜想，鼓励小朋友间的相互交流和分享。

（3）全班小朋友分享彼此的植物生长日记。最后，全班幼儿一起分享彼此的植物生长日记。教师可以在每份生长日记下面写下该幼儿的名字，然后把这些生长日记张贴在自然角里。

（贾华）

48. 如何设置区域游戏场地使幼儿间既不相互干扰又能进行必要的交流？

在开展区域游戏活动时，要想让幼儿间既不相互干扰，又能在必要时进行互动交流，那么在设置区域场地的时候，教师要考虑以下几个原则：

(1) 自发性原则——环境的布置能引导幼儿自发地在自己的活动区游戏。具体做法如下：

◆用桌子、柜子、隔板等物体将活动室划分为若干个游戏区域，让幼儿有选择的余地，能够在自己选择的区域专注地游戏，可减少打闹及攻击性行为的发生。

◆用不同质地的铺设物（地毯、地板革、榻榻米）或改变不同区域的光照明度来暗示区域的界限，以界定游戏的范围和特性。铺设物还有利于消除噪声。

◆各区域之间要留有清楚的走动线，避免正在进行中的游戏被打扰。

◆分隔物的高低视幼儿的年龄特点而变化。小班幼儿需要相对开放的空间，因此，分隔物不要太高，要能保证幼儿随时看到教师，使他们获得心理的安全感，也便于教师指导。中班幼儿有了一定的自控能力，分隔物以幼儿坐下来抬起头能够看到教师为宜。大班儿童的自我独立意识较强，分隔物最好由幼儿自己选择并决定其封闭程度。

(2) 相邻性原则——创造幼儿游戏操作的便利条件。具体做法如下：

◆将性质相似的区域设置在相邻的位置，使幼儿能够产生互动行为。例如："娃娃家"与建构区相邻，便于两区幼儿之间的交往；大型建构区与小型建构区安排到一起，便于激发幼儿的更多创意。

◆考虑幼儿的需要，将需要水、采光的区域放在便于取水、靠近光源的地方。

(3) 可变性原则——支持幼儿相互学习、激发创意。具体做法如下：

◆可以在作为分隔物的柜子下面装上万向轮，或用屏风、布帘等物来分隔区域，使幼儿能够弹性地变换和组合游戏区。

◆充分利用空间，相邻区域共用分隔物，使材料能相互通用。

(4) 多样性原则——提供分类的材料，便于幼儿运用单一材料或综合材料游戏。具体做法如下：

◆每个区域都应摆放材料的分类架或收纳材料的收纳筐，便于幼儿选取和整理材料，减少无效游戏时间。

◆区域分类不要过细，以免使幼儿失去选择的余地。例如：不要把手工制作区分为纸工区、泥工区、绳编区，可将这三类材料摆放到一起，鼓励幼儿调动已有的知识经验综合运用材料进行创作。

(5) 转换性原则——启发幼儿转换游戏空间和视觉空间。具体做法如下：

◆区域的空间分隔应该是动态的，以便教师能够经常变换区域的位置，给幼儿新的刺激，激发幼儿的游戏愿望。

◆教室里的桌子最好是两人共用的长方型书桌，便于幼儿搬动组合。架子、隔板、地面铺设物也要尽可能方便幼儿移动。

◆阳台不要全封闭，使幼儿能够通过栏杆向下看到户外的事物，便于转换幼儿的观察点和视角，进行户外游戏。

◆将室内游戏转移至室外，使室内、外游戏之间可以自由转换。

(6) 互动性——促进幼儿在操作过程中与环境和他人进行互动。具体做法如下：

◆鼓励幼儿参与环境设置，改变区域环境以实现自己的计划。

◆游戏初期视空间大小规定区域游戏的人数。随着幼儿游戏水平的提高，逐步放宽限制，由幼儿自行决定参与人数。

◆操作台面不要靠墙，应便于幼儿围坐、欣赏同伴作品及相互交流经验。

下面是建构区环境创设的要求：

①大小建构区域相邻。

②空间大，宽敞，至少两面开放。

③游戏空间具有动态性，能随时调整。

④区域内要有保留、展示作品的空间。

⑤地面有铺设物，减震、除噪、保暖，形成区域划分界限。

⑥有与幼儿年龄、建构主题对应的环境布置。

⑦儿童自行决定主题和作品的保留或更换。

实践证明：以上区域环境创设的方法便于幼儿与教师之间、幼儿与幼儿之间的全方位互动，有利于幼儿的主动学习。

（刘洪霞）

49. 怎样投放区域游戏材料以满足幼儿的游戏需要？

区域材料是幼儿主动建构知识的支持物。在投放材料时，教师既要考虑幼儿的年龄特点，又要兼顾不同幼儿的个体差异；既要做到趣味和操作性的统一，又要注意投放时的适量和适度，以满足幼儿活动的需要。具体来说，在投放区域材料时，教师需遵循以下原则：

（1）**全面性原则**——小、中、大班游戏材料的融合。目前，幼儿园中混龄班的数量在不断增加，同一个班内有的幼儿间年龄相差2岁；此外，因为幼儿园在招生时往往以8月31日为临界点来划分小、中、大班，那么今年8月31日出生的幼儿与去年9月1日出生的幼儿就分在了同一个班，但幼儿间年龄却相差一岁；更何况，同样年龄的幼儿还存在着能力差异。因此，教师在投放材料时要根据本班幼儿的实际情况，而不是严格按照年龄班来分配玩具。这就意味着，一个班级里可能要融合小、中、大三个年龄段或者其中两个年龄段的游戏材料。

(2) **合理性原则**——投放材料要适量、适度。具体表现如下：

◆**适量**：是指材料的种类和数量要适当。玩具太少，幼儿无法游戏；玩具太多占去了幼儿的游戏空间，容易使幼儿刺激过度，过于兴奋，导致他们忙于频繁更换材料而不能专注于一种有效的活动。一般情况下，小班幼儿处于平行游戏阶段，教师要投放和幼儿人数相当的相同玩具，便于幼儿模仿和操作；对于中班幼儿，教师要投放相同种类的不同玩具；大班呢，则应将不同种类的不同玩具混合投放。至于玩具的数量，教师要多观察，随时调整。

◆**适度**：是指难易程度要适当。这包含两方面的含义，一是指幼儿取放材料的难易程度要适当，即玩具材料的摆放要便于幼儿取放。比如：小班玩具柜的最下面一层的隔板可以拉出来，使幼儿能清楚地看到最下面的玩具，方便他们选择。此外，上下层玩具要定期调换，使幼儿有新鲜感，加强幼儿与玩具材料的互动；二是指材料本身的难易程度。教师有时需要对成品进行改造。因为有的商家为了经济利益，将材料的适用年龄笼统地概括为1—6岁，而没有进行进一步的年龄段的划分。比如：套碗是10个一组，小班幼儿区别不开它们的相对大小，无法操作，教师可以将其隔两个去掉一个，使幼儿能明确地分出大小，待幼儿能力提高后再一点点补足。再比如：有的镶嵌板小班幼儿抠不出，教师可以将其表面拧上螺丝，使幼儿容易抓握。此类方法很多，教师可根据本班幼儿的发展水平自行摸索。

(3) **动态性原则——材料的预设功能要服从于游戏的现实需要。**在区域活动中,我们经常发现,对于教师精心投放的材料,幼儿却不按照其预设的功能玩。例如:幼儿拿积木当枪玩,用小汽车来堆高。教师在连续观察幼儿后发现,每当有新玩具投放时,幼儿总是要这样试试、那样试试,于是教师就满足幼儿的好奇心,鼓励幼儿在不损坏玩具的情况下探索。还有的幼儿制作泥人的眼睛时会到自然角拿绿豆,因此,教师要允许幼儿在游戏过程中调整材料的功能。

(4) **效益性原则——充分挖掘利用资源。**幼儿教师应充分利用场地资源、玩具材料资源、教师群体资源、幼儿群体资源。同年龄平行班不要买两份同样的玩具,可以只买一样玩具,两班幼儿轮换着玩;还可以互换场地玩。例如:拼插玩具买同样的 6 个,每班 3 个,就不如买两种,每种 3 个,然后分给两个班,过一段时间后再换着玩,这样只花一份钱,孩子们却玩到了两种玩具。此外,教师还可以充分利用阳台、楼道的空间,两班共用一套大型实心原木积木,这样既能节省资金,又可促进幼儿之间的相互学习与交流。教师还可以让幼儿互换班级进行游戏,这样幼儿有了新鲜感,玩游戏会更加投入。与此同时,邻班小朋友的作品也会激发他们的创意。

(刘洪霞)

50. 如何根据各年龄班幼儿的特点创设互动的美工活动区环境?

环境是重要的教育资源,尤其是开放、互动的活动区域环境可以为幼儿提供更广阔的发展空间,促进幼儿多方面的发展。

互动环境创设篇

(1) 结合幼儿的兴趣点创设情境性的美工活动区环境。小班幼儿的好奇心很强，但是注意力集中时间较短，所以教师在创设美工区的环境时要注意情境性，并应结合幼儿的兴趣点。另外，小班幼儿年龄较小，小肌肉发展不是很灵活，还处于涂鸦的阶段，因此可以在美工区创设一面涂鸦互动墙供幼儿绘画，让幼儿无拘无束、自由大胆地创作。再有，投放的美工材料要易于幼儿操作，开展的美工活动要简单，以便幼儿产生成功感，激发他们参加美工活动的兴趣和愿望，比如可以设计用印章画画、用玻璃球滚画等。

(2) 把美工活动区与其他活动区结合起来。中、大班幼儿的知识经验已经逐渐丰富起来，动手能力和合作能力也相对提高了许多。因此，教师可以把美工区和其他区域结合起来，创设区域间的互动环境。比如：根据其他区域的活动要求，在美工区投放相应的活动材料，引导幼儿动手制作其他区域所需的道具或者材料。例如：

◆美工区与"娃娃家"——在美工区投放纸张、橡皮泥或者面团等材料，让幼儿动手为"娃娃家"的娃娃制作食物，如面条（撕纸条）、汤圆和饺子（用面团或者橡皮泥制作）。

◆美工区和表演区——在美工区制作表演区角色表演所需的道具。比如故事表演《三只蝴蝶》里所需的蝴蝶头饰，可以让幼儿通过涂色或者是粘贴等形式自制。

◆美工区和建筑区——在搭建马路时，可以让幼儿用自制的树、花、草等装饰马路。

◆美工区和图书区——在美工区中指导幼儿自制图书，塑封后放置在图书区中，这样的图书幼儿特别喜欢，乐于反复翻阅；或者是修补图书，让幼儿利用工具材料在美工区进行修补，从小培养幼儿良好的阅读习惯和爱护图书的意识。

附：故事

三只蝴蝶

有三只蝴蝶，它们是好朋友。有一天，它们在花丛里玩耍，忽然下起雨来。三只蝴蝶找地方躲雨，碰到一朵红色的花，蝴蝶问："红花姐姐，红花姐姐，我们能在你这里躲雨吗？"红色的花说："我只让红色的蝴蝶来躲雨。"红色的蝴蝶说："我们是好朋友，要来一起来，要走一起走。"它们又去找其他的地方，来到一朵黄色的花前，蝴蝶问："黄花姐姐，黄花姐姐，我们能在你这里躲雨吗？"黄色的花说："我只让黄色的蝴蝶来躲雨。"黄蝴蝶说："我们是好朋友，要来一起来，要走一起走。"它们又飞走了，来到一朵白花前，白蝴蝶问："白花姐姐，白花姐姐，我们能在这里躲雨吗？"白花说："我只让白色的蝴蝶躲雨。"白蝴蝶说："我们是好朋友，要来一起来，要走一起走。"蝴蝶们于是又飞走了。

这时候，太阳公公听到了蝴蝶们的喊叫，它赶紧过来，把云彩赶走了，天又晴了，三只蝴蝶又高兴地在一起玩耍了。

（宋月伟）

51．如何通过表演区的环境促进幼儿表演游戏的开展？

表演区是一个能使幼儿发挥自己的想象能力、充分表达自我的区域。在表演区，幼儿可以无拘无束、尽情地展示自我。如何发挥表演区的作用无疑是一个重要的课题。因为学龄前儿童的学习方式主要是以模仿为主，如果不进行必要的指导，放任幼儿自己在表演区游戏，

那么这种游戏很难上升到具有教育意义和提高幼儿自我表现力的层次，表演区就会形同虚设，不能发挥出它应有的作用。

在班级的各个区角中，表演区在幼儿的眼中无疑是既充满新鲜感又很陌生的，因为表演区既不像"娃娃家"和建筑区那样让幼儿凭观感就能知道是做什么用的，又不像图书角和美工区一样第一眼就能吸引幼儿的注意力，让教师不需要太多的引导就可以让幼儿投入其中。因此，班级区角活动开展得是否成功，一个最重要的评价指标就是幼儿能否积极主动地投入到表演区，在表演区中尽情地释放自我、开心地游戏。为了让幼儿能更好地进行表演游戏，表演区的环境创设是至关重要的。

(1) **定期改变表演区的装饰。** 表演区的装饰应跟随班级主题活动和季节的变化而定期更换，这样既能使区角与主题相结合，又能给幼儿新鲜感，使幼儿愿意投入其中。比如，"节日"主题活动期间，教师可以在表演区投放相应的节日活动材料和服饰，供幼儿表演之用。

(2) **根据幼儿的年龄特点，选择适合幼儿的动作、服饰和道具，培养幼儿在表演区中的表现欲和自信心。** 具体做法如下：

◆小班的幼儿更加倾向于色彩艳丽的服饰和道具，教师应该及时把它们提供给幼儿。教师可以先在集体活动中亲自展示给幼儿看，以便幼儿进行模仿，如穿上漂亮的裙子跟随音乐翩翩起舞、背上帅气的小鼓敲出响亮的节拍等。然后，教师把这些素材投入到表演区，引导幼儿进行表演。

◆中班和大班的幼儿则在模仿的基础上多了些想象和创新。教师在进行指导的时候，要给他们留下思考的空间，让他们有表演的欲望和体验自我创新的乐趣和成功感。比如：表演舞蹈，只教给幼儿基本的动作就行了，让他们自己进行组合，表演故事。

(3) **对幼儿进行潜移默化的影响。** 教师不能强迫幼儿到表演区游戏，但可以有意识地在集体活动中进行一些故事表演，引起幼儿的兴趣，并带领幼儿在表演区中游戏；同时，可以让幼儿在众人面前展示表演区中的表演活动，以激发其他幼儿的兴趣。

让幼儿在表演区中进行表演活动，不但能增强他们的表演欲，帮助他们建立自信心，同时对他们的语言发展也是很重要的。在这里，教师充当着重要的角色：对幼儿在表演区活动时的反应进行细致的观察和反思，改善表演区的环境，促进幼儿的表演游戏。

（宋月伟）

52. 大型积木区的环境如何创设？

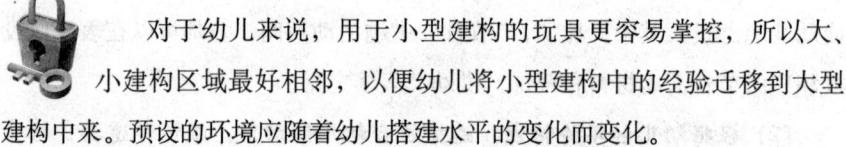

对于幼儿来说，用于小型建构的玩具更容易掌控，所以大、小建构区域最好相邻，以便幼儿将小型建构中的经验迁移到大型建构中来。预设的环境应随着幼儿搭建水平的变化而变化。

（1）场地设置。 空间要大，平均每名儿童应有 1.5 平方米左右的空间，一面邻墙，其他三面中至少两面开放（便于随着游戏的需要扩大空间）；游戏空间应具有动态性，可随时进行调整；区域内最好有能够保留和展示幼儿作品的空间；地面有铺设物，减震、除噪、保暖，也可作为区域的划分界限；有与幼儿年龄、建构主题对应的环境布置。

（2）玩具与材料。 玩具与材料主要有以下几类：

◆大型积木与模型类玩具：既要有大型积木，也要有人物、动物、植物、食品、交通工具、房屋等模型类玩具。建构初期，因为有这些模型类玩具，幼儿才有了搭建小房子、动物园、汽车库的欲望，它们是产生游戏主题的主要刺激物。当然，也不排除活动初期这些玩具吸引了幼儿的注意力，导致他们一段时间以后才出现搭建行为。

◆取放玩具的运送工具：准备一些积木筐、积木柜。一方面是为了收放玩具,另一方面在幼儿搭建过程中可以用来运送玩具。

◆辅助板材:准备一些硬纸板、木板、有机玻璃、塑料板等。这是因为低年龄段的幼儿在搭建活动初期一般不会盖顶部,因此不能进一步搭高,而这些板材能使幼儿的搭建形成一个新的平面,满足幼儿游戏的愿望,实现搭建的目标。

◆废旧物品:收集易拉罐、塑料瓶、包装箱等,这些物品是辅助搭建的材料。幼儿很容易用各种易拉罐搭建,因为它们大小一样,搭建起来很简单。教师在搭建活动初期可以满足幼儿的这种需要,但是当他们的搭建水平有了一定的提高以后,就要撤除这些材料,避免幼儿对这样的材料形成依赖。

(3) **搭建图例**。小班幼儿用和积木搭建的楼房相仿的图例;中班幼儿用建筑物的近景,要便于幼儿观察门窗、房子或者其他物体的结构;大班幼儿用建筑物的远景,激发幼儿根据建筑外观大胆想象物体的外型,创造性地进行搭建。

(4) **递进与变化**。具体表现如下:

◆游戏初期:因为这个年龄段的幼儿搭建水平低,因此,在游戏初期要尽量投放彩色空心积木。空心积木体积相对比较大,幼儿搭建起来比较容易。教师还需要提供长方形、正方形的辅助搭建板,以便在幼儿搭建房顶时用。还可以提供车辆、人物等玩具,以提示幼儿的搭建主题:动物园、停车场、小动物的家等。

◆游戏中期:添加木质本色实心积木(中、大型)、塑胶积木(城堡型、插管型),以便于幼儿搭建复杂的主题和建筑物内部的细节。提供异型辅助搭建板,如半圆形的、曲线形的,用于帮助幼儿搭建立交桥、异形阳台、屋顶等。幼儿也可以自选或现场制作辅助材料,如红绿灯、花坛等。

◆游戏末期:可以添加自制混合积木,支持幼儿搭建大型的主题,如长城、世纪坛等。提供有机玻璃搭建板和黏结材料。幼儿也可以自制辅助搭建板和自带辅材,比如有的幼儿带来了不粘挂钩当搭建吊车的钩子。应允许幼儿根据主题的需要在班级内寻找适宜的辅助材料和自带个性化材料。

(刘洪霞)

53. 班级区域活动的场地较小,如何更好地划分区域、投放材料?

当室内场地有限时,教师可以根据各年龄阶段幼儿的特点来选择以下区域活动:小班幼儿年龄较小,且新生较多,可以选择直观形象的区域来创设,如"娃娃家"、建筑区、美工区、拼插区、图书角等;到了中班,随着幼儿知识经验的丰富,可以加入角色要求高的交往区域和规则性强的区域,如小餐厅、益智区、表演区;大班幼儿的知识经验相对来说是最丰富的,可以增加一些社会类的角色区域,如美发厅、小医院、银行、超市等。下面是活动区域创设的意义及划分区域时需要注意的几点建议(以小班为例):

(1)创设的意义。不同的活动区对幼儿的发展有不同的意义。

◆"娃娃家":"娃娃家"是一个类似家庭环境氛围的活动区域。对于刚刚步入集体生活的幼儿来说,模拟家的游戏可以使他们的情绪尽快稳定下来,让他们感受到温暖和安全感,熟悉幼儿园的环境,尽快适应集体生活。"娃娃家"的区域场地要设置在宽敞明亮的地方,环境要温馨,游戏材料要直观形象,让幼儿能真切地感受到"这就是我的家"。

◆美工区:美工活动区域创设的目的是培养幼儿的审美能力和促进小肌肉的发展,让幼儿在画画、动手制作中体验到成功的喜悦。美工区的场地不需要太大，教师只需要提供一张便于幼儿操作的桌子即可，投放的材料要考虑到幼儿的能力特点，让幼儿在创作中得到发展。

◆拼插区：喜爱玩具是幼儿的天性，幼儿在探索拼插中可以直观地获得成功的喜悦。

◆建筑区：建筑区是小班幼儿最喜欢的活动区域之一，幼儿可以在搭搭摆摆的过程中将自己熟悉的马路、高楼搭建出来，体验快乐。

(2) 活动区划分的几点建议。在划分活动区时，教师应遵循以下几个原则：

◆动静分开。在划分区域时，要注意活动区与活动区之间的间距，安静的区域和活跃的区域不要距离太近（如表演区和图书区），以免安静区域的活动受到干扰。

◆因地制宜。那些要求水和采光的区域，如科学区和美工区，要设置在靠近水源和窗户的地方。

◆游戏场地的创设，必须保障足够的游戏空间。空间的布局要合理巧妙，比如用玩具柜分割区域，正面的柜子里放各种图书，背面的背板可以用来张贴幼儿的作品；还可以利用走廊、转角处设置活动区域，比如把表演区设置在走廊，既节省了空间，也便于其他区域的幼儿观看。

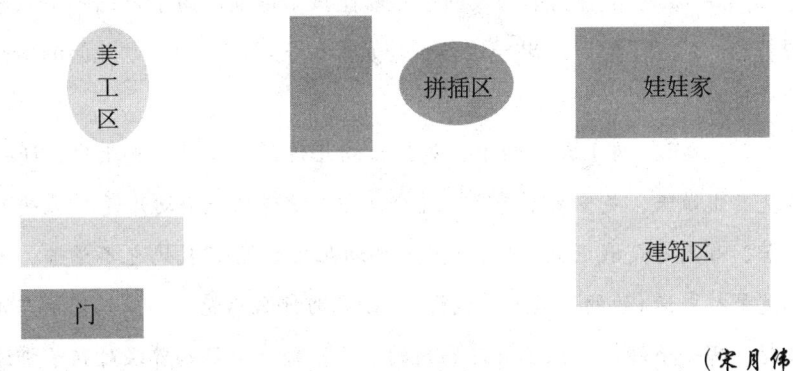

(宋月伟)

54."家园互动栏"应该包括什么内容，怎样吸引家长参与？

以往，我们经常在"家园互动栏"上公布各领域的发展目标、月周教学重点，单向告知的功能较多。经过调查，我们发现家长关注更多的是孩子当天上了什么课，而且对图片信息的关注频率要高于文字信息，尤其关注有自己孩子的内容。记得有一次，我们在"家园互动栏"上展示了一张孩子们挖白薯活动的照片，某家长看到以后，兴奋地对别人说："看，这个是我儿子。"其实，他的孩子只是照了个背影。由此可见，要想进行有效的家园互动，教师必须了解家长的心理需要，先吸引家长观看，然后潜移默化地引导家长和幼儿正确地沟通，进而实施有效的家庭教育。"家园互动栏"通常包括以下几方面的内容：

(1) 教育活动告知。 即将近期的教育内容告知家长，重要的是不仅告诉家长教师要做什么，还要指导家长学会配合教师，否则可能产生负面影响。例如：有一次，教师在"家园互动栏"上张贴的教育内容为"学习诗歌×××"，家长看到了当天回家后就让孩子背诵，孩子背诵不下来家长很着急，就打了他，结果导致孩子开始惧怕学习，惧怕将幼儿园的事情说给家长听。

"三八节"马上就要到了，教师让幼儿谈谈"妈妈每天上班，还要为我洗衣服做饭，是多么辛苦呀"这个话题。没想到一个幼儿说："我妈妈不辛苦，每天都是我爸爸做饭。"另一个幼儿接着说："我妈也不辛苦，她上班就是打电话(她的妈妈是接线员)。"幼儿为什么感受不到妈妈的辛苦呢？试想，哪一个幼儿真正了解过妈妈的工作？哪一个妈妈曾经对孩子讲过自己的辛苦？那么，在进行这个教育活动时，我们应该如何引导家长呢？仍然以"三八节"为例。教师要告知小班幼儿的家长,让妈妈讲一讲自己照顾孩子的经历;告知中班幼儿的家长,请他们向孩子介绍自己的工作,如果可能,带领孩子到自己的单位参观一下,向孩子介绍自己的工作成就;建议大班幼儿的家长除了介绍自己的工作成就以外,还要向孩子介绍古今中外的女中豪杰,使幼儿从"三八节"爱妈妈、崇拜妈妈的成就,进一步发展到爱所有的劳动妇女。一位妈妈讲了自己抱着幼小的孩子下楼时一下子踩空了,妈妈在摔倒的一瞬间把自己的胳膊垫在地上,孩子没有受伤,但是妈妈自己却骨折了。一位当医生的妈妈把自己做的义齿(假牙)给孩子看,孩子非常崇拜妈妈,表示长大后自己也要当医生,为病人治牙。还有一位妈妈介绍自己几年前获得的奖状,孩子看后问:"后来你为什么没有奖状了呢?"妈妈说:"后来我有了你,为了照顾你,我就把工作辞掉了。现在你就是我的奖状。"妈妈的一席可能是玩笑的话却带来孩子的巨大变化,以前她不敢跳绳,现在却努力练习会跳了,她说:"因为我是妈妈的奖状了。"

(2) 家庭保健知识。包括生理保健、疾病预防和心理保健的知识。家长看家园互动栏的时间基本上是送幼儿到幼儿园和接幼儿回家的时间,一般时间都比较紧张,所以,教师从杂志和报纸上复印下来的文章应该稍做处理后再贴出来。例如:用记号笔把小标题画出来,家长如果没有时间详细读所有内容,浏览小标题也能够大概知道文章讲什么;还可以在文章旁边加上明显的导读信息,如"夏天该吃什么?请看此文"、"幼儿上学五点注意,请看"等;也可以将一些相关文章的题目与杂志的页码公布出来,让家长私下有时间自己阅读。

(3) 信息专线。家长不是专职的幼教工作者,可能不具备科学的育儿知识。因此,教师要经常向家长介绍一些育儿信息,比如哪里有育儿讲座啦,哪里有亲子活动啦等。

(4) **互动热点**。每周（月）可以选择一项班级大事或者家长共同感兴趣的活动作为热点互动的内容。例如：开展"汽车王国大比拼"的活动，引导家长在带幼儿来园和离园的路上让幼儿观察各种汽车，有车的家长可以带领幼儿观察汽车的里面和外面，还要收集汽车的标志、图片，收集材料制作汽车模型等。家长们非常关注这种和实际活动有关联的信息，也比较容易接受教师的建议。

此外，教师还可以开展"我给逆反的儿子当妈妈"、"老少三代乐融融"（介绍怎样与老一辈沟通，共同教育孩子）、"和孩子一起做家务"（介绍生活中教育的好方法）、"我和老师的配合"（谈家长应该如何配合教师教育孩子）等热点活动，请家长写一些随笔。这些活动一方面使家长关注自己孩子的成长，另一方面也由于家长之间比较能相互理解，也比较容易认同来自其他家长的教育观点与行为。

(5) **事件回放**。家长不能一直在幼儿园陪伴孩子学习与生活，但是他们又迫切地想了解孩子在幼儿园的学习和生活情况，因此教师可以选取重点内容将活动的过程展示给家长看。例如：针对"谈谈我的爸爸妈妈——知道您的孩子怎样说您吗"这个活动，教师可以把一些儿童的发言实录贴出来，表扬家长的就写上孩子的名字，批评家长的就匿名。

当然，并不一定每期都要有这些内容，关键是要有综合的设计，不光告知家长需要配合什么，还要告知家长教师要进行的活动是什么、能起到什么作用，使家长更加了解教师的工作，思考自己的教育方式，掌握好的方法，更加愿意配合教师的工作。

家园互动环境的创设特点应该是趣味性强、有看点，能够将班级活动家庭化，且家长不需要很长时间就能看完相关信息。

（杨雪松）

过程观察指导篇

　　观察能力是影响教师专业发展的关键能力。每个孩子都是一本书，如何准确地捕捉幼儿的创造性行为，准确地把握幼儿的心理特性，并选择有效的指导方法进行个性化的指导，是新教师必须要掌握的技能。本篇阐述了对幼儿的游戏活动、同伴交往情况及体育活动等进行观察指导的有效方法。

55. 在活动过程中，如何激发幼儿与环境材料及同伴间的互动？

在活动中，教师会根据幼儿的年龄特点和学习方式创设各种条件，提供丰富的材料，以鼓励幼儿积极主动地参与活动，促进幼儿富有个性的发展。幼儿参与活动的过程也是与周围环境、与其他幼儿进行互动的过程，而互动的效果直接决定了幼儿的学习效果。既然如此，教师在活动过程中如何引导幼儿进行有效的互动呢？有以下几点经验可与大家分享。

（1）从提问入手。有下列几种提问方式供教师参考：

◆故作不懂式：即在幼儿面前教师要放下架子，不把想说的话一股脑都倒给幼儿，而是装做不懂的样子，向幼儿学习或请教。比如："你是怎样玩的，我都没看明白？""给××区起个什么名字好呢？""表演区怎么布置才能更漂亮呢？"……类似这样的提问更能够激发幼儿与环境之间的互动。

◆故作好奇式：即当有些问题不被幼儿关注，而教师又觉得非常具有教育价值时，为了激发幼儿的探究欲望和参与活动的主动性，教师可故作好奇去感染幼儿。比如问孩子："盆里的土一样干，芦荟没有死，瓜叶菊怎么死了呢？""种在暗室里的豆子怎么比阳光下的豆子长得快呀？"……用这样的问题进一步激发幼儿与环境的互动。

◆故意为难式：即面对能力强、表现欲强的幼儿，教师可故意为难他们一下，以提高他们游戏的水平。比如问孩子："看你们的枪都没有瞄准器，怎么打得准呀！""看看谁能当故事大王！"……教师的提问要依据幼儿的经验和具体问题提出，因人而异，这样，新要求的提出才能达到让幼儿"跳一跳够得着"的目的，才能提高幼儿互动的有效性。

(2) 从设置情境入手。 教师可以从以下方式入手设置情境：

◆以兴趣、问题导入：教师要细心观察幼儿在活动中的问题和兴趣点。情境创设最好围绕幼儿身边的真实事件、新闻进行，然后，把这些事件进行整理和分析，按情绪情感、认知需要、能力培养等方面进行分类，有目的地创设情境，以调动幼儿与环境、幼儿与同伴的互动积极性。比如：为了满足幼儿交往的需要，教师可以创设"朋友树"，即粘贴制作一棵大树，把幼儿的照片当成树叶贴在树枝上，让他们看看和自己在一条树枝上的都有哪些小朋友，并相互介绍，或者请幼儿自己粘贴，喜欢和谁成为好朋友就和谁挨着贴，这种方式可以轻松地让幼儿相互认识，让他们学会主动介绍自己，满足了幼儿交流、表达、宣泄情感的需求。

◆以活动需要导入：在活动中幼儿的需要是幼儿有效互动的基础。通常在建构类、角色类、表演类的活动中，幼儿的互动性较强，因此，在这些活动中，教师可根据活动内容，鼓励幼儿自愿结组、共同想办法来完成任务。在完成任务的过程中，幼儿就会制订计划，并根据自身的能力进行角色和任务的分配。为了完成任务，幼儿会从多角度思考，倾听他人的意见，调整自己的行为。比如在表演区，幼儿要根据表演的内容进行角色的分配、道具的准备、环境的创设，而每一项任务的完成，都是在幼儿主动分工、合作的过程中实现的，这调动了幼儿学习的积极性。

(3) 从评价入手。 教师可以采用的评价方式有：

◆自我展示：引导幼儿以小组的形式展示活动的片段，然后让幼儿互相评价，这种评价方式更加直观，减少了教师的过多干扰，也是中、大班幼儿喜欢的互动方式。

◆引领质疑：评价时，不仅要鼓励会说的幼儿，更要鼓励那些倾听的幼儿在听不明白的时候敢说、敢于表达不同的意见。这样，幼儿在评价中学习了评价的方法、培养了自信、锻炼了思维和表达能力,这样的互动也因此更有效。

(杨国辉)

56. 如何针对幼儿的能力强弱差异进行有效的评价与指导?

在幼儿园的一日生活中,幼儿受自身认知水平的局限,往往不能够正确地认识自我,需要依赖成人尤其是教师的评价。因此,教师的评价对幼儿来说举足轻重。这就要求教师的评价必须是全面的、公正的、客观的、包容的,尤其是对能力较弱的幼儿进行评价更应慎重。要注意:教师评价的最终目的是为了促进幼儿的进步和激发幼儿继续努力的信心。

(1)就事论事。 教师对幼儿的评价要客观,就事论事,不要根据以往的印象和经验来评价当前的事情。在幼儿的眼里,教师的评价最可信、最公正,因此教师的评价更要客观。对于能力强、表现好的幼儿,教师只需表扬他们当下的表现,同时向他们提出更高的、具有挑战性的要求,鼓励他们取得更大进步;表扬的时候要有针对性,不能泛泛而谈,比如与其表扬幼儿说"你可真聪明,太棒了",不如改为"你的颜色涂得真均匀"、"你想的这个主意真有用,这样搭建就不容易倒了"等。对于能力弱的幼儿,教师也不能总认为他们笨,看不到他们的进步,比如说:"你怎么总是这样,说了多少次都改不了。笨死了。"一味地批评否定,会让幼儿失去自信,在同伴中失去威信,进而自暴自弃。教师应该着眼于当下,面对幼儿出现的错误,可以对他说:"老师和你一起找找原因吧。然后你再试一试。

老师相信你绝对能做好的。"另外，教师在评价幼儿时要从实际出发，而不能凭自己的主观印象或个人意愿办事。

(2) 教会幼儿正确认识自我。 班级里无论是能力强的幼儿还是能力弱的幼儿，教师都要让他们认识到：每个人都有自己的特点，都是与众不同的个体，都有自己表现优秀的地方。比如，计算能力差的幼儿，可能阅读能力好；长得不是很漂亮的幼儿，性格可能很乖巧，讨人喜欢；上课不能认真听讲的幼儿，可能动手能力特别强。教师对每个幼儿的评价应该是一分为二的，在引导他们正视并改正自己弱点的同时，也要鼓励幼儿发现自己身上的闪光点，让他们变得自信。此外，教师还可以通过开展"特别的我"、"这是我的好朋友"、"夸夸我的宝宝"等活动，以自评、同伴互评、家长和教师参与评价的方式，使幼儿正确地认识和评价自己。

(3) 在活动中成长。 教师要在活动中给每个幼儿成长的机会，发展幼儿良好的个性品质。对于能力强的幼儿，教师可鼓励他们完成合作性强的活动，让他们从中体验到倾听、接纳、理解、协商的意义，感受到团结起来力量大。而能力弱的幼儿通常独立性也较差，经常成为被遗忘的人群。对于这类幼儿，教师要关注他们，帮助他们在同伴中找回自信，可以给他们布置一些他们力所能及的任务以使他们产生成就感，比如：给自然角里的小鱼换水、喂食，给小花浇水等。一旦幼儿完成任务，教师要及时在全班孩子面前表扬他们。

（杨国辉）

57. 在主题活动过程中如何调动全体幼儿的积极性？

许多幼儿园都开展了丰富多彩的主题活动，它是幼儿园课程实施的一种主要形式。主题活动对教师的要求很高，它要求教师既要有很强的内容整合和目标整合能力，也要有灵活的组织能力。在教学实践中，我们发现不少由于教师选择的主题活动不当或者组织过程缺乏趣味性，导致主题活动进行到一半就出现了幼儿注意力不集中的问题。教师为此也很苦恼。那么，如何调动幼儿参与主题活动的积极性呢？

(1) 从幼儿的兴趣点中寻找适宜的主题。节日和季节是主题来源的一部分。然而，节日和季节又涵盖了很多内容，如天气变化、动植物的变化、服装的变化、饮食、旅游、参观等，经常会让老师们感到茫然，不知如何选择。这时，可以围绕节日和季节中儿童身边发生的趣事开展主题活动，这样的主题贴近幼儿的生活，容易被幼儿接受，能增强幼儿的参与性和互动性。比如在"我眼里的春天"的主题活动中，教师利用家长资源组织了一次放风筝的活动。幼儿和家长一起收集各种各样的风筝，一起装饰风筝，最后一起放飞风筝。整个活动中，自始至终，孩子们的脸上都充满了笑容。

(2) 从生活中的事物特点和具体问题出发寻找幼儿感兴趣的主题。主题活动具有系统性，以一个话题为核心进行延伸，小主题要始终围绕大主题开展活动，许多小主题还可构成一个大主题。然而，幼儿对主题的概念却没有什么系统性想法，需要解决的问题就是他们的选择依据之一。因此，教师可以把幼儿生活和活动中的问题和现象作为主题。比如：看到幼儿对"阳光穿过鱼缸折射到地面的彩虹"很感兴趣，教师就设计了"神秘的彩虹"主题活动;看到幼儿在很起劲地修补图书,教师就设计了"我爱我的图书"的主题活动。

(3) **把主题活动与区域活动联系起来调动全体幼儿的积极性。**区域活动材料丰富,幼儿选择的空间大,一直为幼儿所喜爱。在开展主题活动时,教师可以把主题目标与区域活动有机地结合起来,以满足幼儿的不同需求。比如:针对大班主题活动"我要上学了",教师可以在建筑区鼓励幼儿"搭建小学校";在美工区,指导幼儿"包书皮"、"做书签";在角色区开展"上学了"的角色表演活动。只有教师和幼儿共同建构的主题活动才能很好地调动全体幼儿的积极性。

(杨国辉)

58. 怎样发现和抓住幼儿的兴趣点,并结合目标开展教育活动?

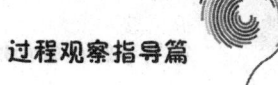

在教学活动中,我们经常挂在嘴边的一句话是"眼中有幼儿、心中有目标",这是对教师工作的基本要求。然而,面对幼儿人数多、兴趣点分散且很不稳定的特点,教师会发现捕捉幼儿的兴趣点很难,更遑论把兴趣点和目标结合在一起开展活动了。针对这个问题,我们向您推荐一种最有效的方法:在游戏中发现幼儿的兴趣点。

游戏是幼儿最喜欢、最能让他们获得快乐感的活动。在游戏过程中,教师只要细心观察,就不难发现幼儿的兴趣点,进而可以因势利导开展相关的教育活动,提升幼儿的能力。以大班的折飞机活动为例:

在自由游戏时间,教师发现大班的幼儿特别喜欢折飞机,折好后就会在教室里跑来跑去扔着玩。有时,教室里没有折飞机的纸了,幼儿还会从

家里带来。可见,他们折飞机的兴趣是多么浓厚!但是,总是这样拿着飞机在屋里跑来跑去的很不安全,容易发生碰撞行为。怎样能既保持幼儿游戏的兴趣,又保护幼儿的安全呢?这时,教师心中的目标就要起到引导作用。《纲要》中对大班幼儿的数学能力做了这样的要求:"引导幼儿学习用多种方法对感兴趣的事物进行记录、统计和自然测量。"于是,教师组织幼儿开展了"看谁飞得远"的活动:幼儿拿着折好的飞机,站在起始线上,分别扔出自己的飞机,教师负责标记飞机的着地点;然后,请幼儿拿着一根绳子或者米尺分别测出各自飞机飞的距离,并评选出本次飞得最远的飞机。这次活动不仅满足了幼儿的游戏需要,而且培养了幼儿的动手能力和测量能力。

(杨国辉)

59. 小、中、大班幼儿游戏行为的特点是什么?

随着幼儿年龄的增长,幼儿的游戏行为也会发生变化。具体说来,小、中、大班幼儿的游戏特点表现如下:

(1) 3—4岁(小班)幼儿的游戏特点是平行游戏,也可以说是对同伴无意识的模仿游戏。他们的行为受到周围同伴的影响,看到别人做什么自己也要做什么。比如:一个孩子正在玩"打桩床"(一种将木棒或者球敲击进洞的游戏),另一个孩子看到了也在那里用力敲,实际上他的洞口并没有放什么东西,他只是单纯地在模仿同伴的活动,觉得这样做很有趣。

(2) 4—5岁(中班)幼儿的游戏特点是联合游戏。他们身上已经有了共同游戏的影子,从一开始的相互间的松散关系,逐渐变得有了相同的游戏目的,只不过这种目的是随时变化的。比如幼儿一会儿说"咱们一起搭

房子吧",一会儿又会被一根长条积木吸引,把它当做长枪玩模拟打枪的游戏了。

(3) 5—6岁(大班)幼儿游戏的特点是合作游戏。他们有了和同伴一起共同游戏的愿望,在游戏前有明确的目的,事先会进行游戏任务的分工,追求游戏的结果,会克服困难完成游戏任务。比如:幼儿商量一起搭建一个游乐园,即使有的孩子想搭建高楼,他也会遵从游戏分工完成用小插片搭建花坛的任务。这时孩子有了一定的坚持性,会在几天内为一个任务而持续选择一个区域,直到任务完成。

在了解了不同年龄段幼儿游戏的特点后,教师要努力探索幼儿园区域游戏环境创设与幼儿游戏行为的内在联系,并在此基础上,从空间环境的设置、游戏材料的投放等方面研究幼儿积极的游戏行为产生的条件,建立游戏环境与幼儿游戏行为的高相关性,强化指导的有效性,提高幼儿的游戏质量,促进幼儿各方面的发展。

(刘洪霞)

60. 面对幼儿在科学探索中出现的错误操作,教师应如何正确引导?

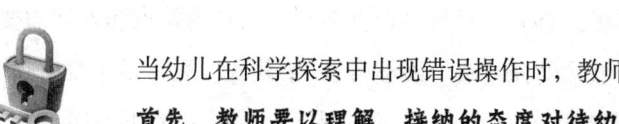

当幼儿在科学探索中出现错误操作时,教师应该怎么做呢?

首先,教师要以理解、接纳的态度对待幼儿。因为对幼儿的科学教育是科学启蒙教育,重在激发幼儿的认知兴趣和探究欲望。教师要为幼儿的探究提供宽松的环境,不能因为一时的错误而挫伤幼儿的好奇心。对于胆小的幼儿,教师可以通过语言、肢体动作及时给予他们安慰和关心。比如摸摸他们的头;搂搂他们的肩;对他们伸出大拇指,说:"我相信你能行"、"换个办法试一试怎么样"等,鼓励他们重新尝试。面对能力强的幼儿,教师一个理解的眼神、一个包容的微笑,就能让他们找到自信。

其次,在操作错误发生后,教师要及时引导幼儿。先让幼儿观察现象,把出现的问题呈现给幼儿,引导他们寻找出正确的操作方法,并用幼儿理解的绘画方式把正确的操作方法展示出来。

此外,教师还要分析为幼儿提供的操作材料是否安全、合理,避免幼儿出现错误操作时身体受到伤害。当然,为了避免操作错误发生,教师事先要做好活动计划,在操作过程中要对幼儿进行及时的指导。

(杨国辉)

61. 如何投放益智区的玩具才能激发幼儿参与游戏的兴趣?

益智区的玩具材料具有很强的操作性及规则性,幼儿必须开动脑筋进行积极的思维活动,才能以智慧和技能获得心理上的满足。幼儿都很喜欢到益智区进行游戏,但我们时常发现幼儿在操作过程中要么遇到困难选择放弃,要么不按照玩具的正确玩法玩。如何引导幼儿喜欢并正确操作益智类玩具呢?这就需要教师在幼儿游戏的过程中进行仔细的观察与分析。首先,材料是否符合幼儿的年龄特点和发展需要,玩具的难度是否能够让幼儿"跳一跳够得着";其次,玩具是不是新投放的,幼儿是否知道其正确的玩法;第三,是否根据幼儿的不同能力水平提供了难易程度不同的同类玩具。

了解清楚情况后,教师在投放益智类玩具材料时就要遵循以下原则:

(1)玩具材料应符合幼儿的年龄特点和发展需要。根据小班幼儿的身

心发展特点，教师应投放结构简单、趣味性大于操作性、启发性大于知识性、规则要求低的玩具，以激发幼儿进行游戏的愿望；同时，要根据幼儿的游戏需要，循序渐进、有目的地投放玩具。投放给中班幼儿的益智类玩具，要符合中班幼儿的身心发展特点，知识性要大于娱乐性，规则要求相对提高，要有一定的操作难度，要注重对幼儿实际操作能力的培养；而提供给大班幼儿的益智类玩具应有一定的难度，幼儿要通过动脑思考后方能完成游戏任务，以发展幼儿的智力。

(2) *有重点地介绍新玩具。*如果是新投放的玩具，教师一定要向幼儿介绍新玩具，并和幼儿共同探讨玩具的玩法，从而激发幼儿尝试操作新玩具的愿望。

(3) *把握适时、适度的原则，教师的指导要符合幼儿的发展需要。*在游戏过程中，教师要及时发现在幼儿操作过程中的困难所在，适时、适当地给予支持和帮助。还要为幼儿提供分享经验的机会，加强同伴之间的合作与相互学习。同时，在幼儿遇到困难时，教师要不断激励幼儿，增强幼儿克服困难的信心。比如在活动后的讲评时间，让幼儿来介绍新玩具、演示新玩法，这样做不仅能激励幼儿的创新精神，满足他们的表现欲望，同时还能给其他幼儿以启发，使原本单一玩法的玩具变得更具吸引力——"他会玩，我也一定行"。

（谷晶晶）

62. 怎样指导幼儿的益智游戏才能做到引领而不代替？

教师不要急于介入幼儿的游戏，要先观察再指导。先观察幼儿在玩什么、存在哪些困难，然后在适当的时候提出建议。此外，

还要根据幼儿的能力和对玩具的掌握情况,循序渐进地投放新的玩具。具体说来,教师可以采取如下措施:

(1) **游戏初期,投放材料不要过多。**可以同一种材料投放相同的若干个,便于幼儿探究材料的玩法;不必强求幼儿必须遵守规则,允许他们按照自己的理解操作玩具材料,在幼儿熟悉玩具材料后教师可以引导幼儿一起讨论玩具的新玩法。

(2) **在适当的时候提出建议。**在指导益智区的活动中,注意不要急于介入,要留意幼儿活动的动机、目标和困难,在适当的时候提出建议。所谓"适当的时候"是指当幼儿遇到困难玩不下去的时候,当幼儿出现纠纷与行为问题的时候,当游戏无法深入开展的时候等。一旦出现这些情况,就需要教师介入和进行指导了。比如,当幼儿因为忘记打开玩具的开关而不能正常操作玩具的时候,教师可以提示他:"怎么不动呢?是没有装好电池呢,还是没有打开开关?"通过这种方式帮助他们完成任务,使材料更好地发挥其应有的教育功能和价值,促进幼儿的认知发展。

(3) **边观察边进行反思与调整。**还要观察幼儿在玩什么、怎样玩的,并在此基础上不断地反思调整,或者引导幼儿不断研究开发出新的玩法,或者投放新的玩具材料引发幼儿新的探究兴趣。例如:当幼儿不再满足于平面的拼图游戏,开始对立体拼图产生兴趣的时候,为了发展幼儿的空间思维能力,教师投放了立体七巧板。这款玩具有很多种拼法,但是不论用哪一块拼块作底,都能拼出一个正方体。教师鼓励幼儿不断地用眼睛看或用手去感觉每一块拼块的形状,促使他们在不断的尝试后获得成功。在这个活动中,教师注意了尊重幼儿的原有经验,循序渐进地投放玩具材料,幼儿参与益智区活动的主动性也被不断激发出来。每次活动结束后,都会有幼儿在全体小朋友面前拼一次立体七巧板,让大家分享自己成功的喜悦。

(4) **用提问引导幼儿。**教师要会提有价值的问题,用循序渐进、因人而异的提问引导幼儿有计划、有目的地选择材料，进行探索。在提问时，语气不要生硬，比如"你在干什么？""你在拼插什么？"而是要顺应幼儿的游戏内容和心理特点进行，比如可以这样提问："哦，我看到你在拿有红色和黑色道道的拼块，你是想先拼这条花鱼吗？""你看他已经拼完了，咱们一起去问问他有什么好方法吧？""你的棋下得那么快，有什么秘诀吗？"在幼儿有了一定的游戏水平后，可以问连续的问题："你用了几块拼块？""你换了几次粘贴的工具，能说说它们都有什么特点吗？哪种最好用？"

(5) 游戏结束后的经验分享与讲评。 游戏结束后，教师要引导幼儿进行经验的分享和讲评，使个别幼儿的经验群体化、散点的经验系统化。教师要时刻注意引导幼儿之间的提问与交流，鼓励他们向同伴请教。教师还可以提出矛盾的观点来引发幼儿的讨论，比如："拼图是先拼四边快，还是先拼中间快？"以此帮助幼儿整理和总结经验。

(刘洪霞)

63. 如何提高幼儿在建构区的搭建水平？

游戏水平的提高需要一个较长的过程，教师要在幼儿游戏的过程中给予其及时的指导。

(1) 提出有挑战性的问题，创设幼儿感兴趣的游戏情境或主题情节，并不断地判断幼儿的现有水平，明确引导方向，有效促进幼儿建构水平的发展。 游戏是幼儿的基本活动方式，教师要积极为幼儿创设游戏的条件。比如在积木游戏中通过提问题的方式为幼儿创设不同的游戏情境，如"你会造能拐弯的桥吗？""谁来试试建一座高个子的大桥？""巨型大桥谁来建?"等。这些问题一下子就把幼儿带到情境中去了。游戏性强、主题突出的活动不仅让幼儿兴趣盎然,还让他们明确了搭建的目的,进而在一个个难度递增的任务中获得相关经验。

(2) 为幼儿的建构活动提供数量和种类适宜的材料。这些材料一方面可以引发幼儿的搭建内容,比如幼儿看到小动物玩偶会想到为小动物搭建一个家,看到汽车玩具会想到搭建公路或停车场;另一方面这些材料可扮演一定的角色,发展游戏情节,比如幼儿搭建了一列火车后需要人偶分别做火车司机和旅客,搭建了一个公园后则需要花草树木的装饰。因此,教师应根据幼儿的搭建主题以及搭建后角色游戏的需要,不断变化游戏的材料。

(3) 抓住幼儿遇到的和提出的问题,作为形成和丰富主题、情节以及建构方式的生长点。具体表现在以下三个方面:

◆当幼儿进入积木区不知该搭建什么的时候,可赋予辅助材料一定的角色情节,引发幼儿的搭建内容,比如对幼儿说:"小动物们想盖一间新房子,你能帮助它们设计和搭建吗?"

◆当幼儿在搭建过程中不知如何继续时,教师可通过引发他们的回忆丰富搭建内容,比如幼儿不知道如何搭建赛车用的公路时,教师可帮助他们回想赛车道不仅有平面公路,还设有弯曲、高低不平的路面,从而启发幼儿在原有公路的基础上继续搭建。

◆当幼儿想要延伸积木活动又不知从何下手时,教师可建议幼儿运用角色、情节与其他活动区发生联系,比如在幼儿搭建了一个剧场或舞台后,教师可建议幼儿邀请表演区或"娃娃家"的小朋友一起游戏,扮演演员、观众、售票员、服务员等角色。

(4) 给予幼儿适宜的表象提示(比如动作提示、图片提示),作为他们建构水平发展的台阶和支架。具体内容如下:

◆将幼儿参观过的建筑物拍成照片,布置在积木区,帮助幼儿记忆,

如火车站、电视塔、立交桥等。

◆将教师自己搭建的作品拍成照片，表现出教师对搭积木活动的重视与喜欢，引发幼儿对搭积木活动的兴趣。

◆将幼儿搭建的作品用照片或图画的形式进行保留和展示，让幼儿感到自己的作品得到了肯定和接纳，以增强他们的成功感与自信心。

◆教师与幼儿共同搜集一些不同风格的建筑物的图片或照片，让幼儿了解建筑物是如何构成的，欣赏、感受建筑的美。

(5) **引导幼儿观察其他幼儿的搭建作品，树立模仿学习的榜样**。对于小班幼儿，可以让他们观摩中、大班幼儿的建构作品，以拓展小班幼儿的思维；对于中、大班幼儿，可让他们观摩同伴的优秀作品。

在指导幼儿进行建构游戏时，教师还要发展他们对材料、模型和建筑物之间的空间关系和逻辑联系的理解，支持他们再现和创造性地表达生活经验，让幼儿获得初步的立体空间概念，同时培养幼儿的合作意识和互助友爱的精神。

（刘瑶）

64. 如何保持幼儿对课间操的兴趣？

课间操是幼儿园的重要活动环节，是幼儿园体育活动中不可缺少的内容。每个幼儿园都会编排不同的课间操，目的是激发幼儿参与体育活动的兴趣，促进幼儿动作协调性的发展。但幼儿往往开始时还能满怀激情地做操，时间长了就会失去兴趣，要么不好好做，要么不做。那么，如何能够保持幼儿对课间操的兴趣，使他们一直保持良好的状态、把做操当成有意思的活动来进行呢？教师可以采取以下措施：

(1) 课间操的编排与选择要与时俱进，迎合大部分幼儿的兴趣。比如用近期正在热播的动画片的主题曲或者幼儿喜爱的歌曲作为操节的音乐；用幼儿喜欢的某些小动物的动作、解放军的动作或者动画片中某个幼儿耳熟能详的人物的动作来编排操节；同时，在操节中配以"呼、哈、嘿"等呼喊也能够提高幼儿做操的兴趣。

(2) 课间操的编排与选择要符合幼儿的年龄特点。比如：对于小班幼儿，主要以激发他们参与体育活动的兴趣为主，所以，小班课间操的音乐节奏要鲜明，动作要简单、有童趣、易于幼儿模仿，多以小动物模仿操为主。而对于中班幼儿来讲，教师则应选择节奏鲜明、贴近幼儿生活的、能与幼儿产生共鸣的音乐，如幼儿熟知的动画片（《喜洋洋与灰太狼》、《巧虎》等）的主题曲，以调动幼儿做操的积极性；要适当提升动作难度，但速度不宜过快。对于大班幼儿来讲，教师则应综合以上特点，编排有一定的动作难度和队形变换的操节，动作及队形要具有一定的趣味性和挑战性，让大班幼儿能通过做操体验到成功感和自豪感。

(3) 随着幼儿掌握的情况及时地调整、变换形式，激发幼儿做操的兴趣。比如变化队形、进行课间操比赛、让幼儿轮流带操、徒手操与器械操定期轮换等。此外，教师的示范动作以及教师及时的鼓励与表扬对保持幼儿对课间操的兴趣也有极大的帮助。

（谷晶晶）

65. 如何做好幼小衔接，为幼儿入小学打好基础？

很多时候，受到社会上一些不适宜需求的影响，有些家长和教师会单一地认为幼小衔接就是知识的衔接。常有家长这样问教

师:"老师,大班的孩子都学什么啊?学拼音吗?学识字吗?"他们急于让幼儿学拼音、学算术,想让孩子为入学面试做好充分的知识准备。

相比于知识的学习,培养幼儿对于上小学的兴趣,培养他们的任务意识、规则意识和责任感是更为重要的内容。即使是知识的学习也要符合儿童在游戏中学习的特点,在潜移默化中让幼儿主动建构。

要想做好幼小衔接,教师首先需要思考:一年级的小学生在学校遇到的最大的问题是什么、最需要掌握的技能是什么以及最需要培养的习惯是什么?换句话说,就是"一年级新生需要的是什么?"考虑清楚了这个问题,教师也就有了实施教育的方向和原则。

(1) 让幼儿有入小学的愿望和兴趣,向往小学的生活。一般到了大班第二学期,班级都会开展"我要上学了"这样的主题活动,让幼儿说说他们心中的小学是什么样的。这时,幼儿几乎对小学没有太多的感性经验,大都是听说,而幼儿园往往会安排幼儿临近毕业了才去参观小学,这便导致了幼儿学习讨论的内容与现实难以结合,或者说幼儿不能真正地亲身体验到小学生活的基本情况。因此,教师应该在开展小学主题活动的同时,和幼儿讨论"你想知道关于小学的哪些事情",然后让幼儿带着问题参观小学,和哥哥姐姐们座谈并做记录,引导幼儿初步了解小学的学习活动特点和课堂学习规范,让他们对各类学习活动产生好奇心和求知欲。

(2) 培养幼儿的生活能力和学习习惯,为入学做准备。要让幼儿初步养成良好的学习习惯(倾听习惯、阅读习惯等)、具备一定的生活自理能力(自我服务能力、自我保护能力等),帮助他们建立初步的规则意识、任务意识。

围绕以上原则,教师再开展"我要上学了"的主题活动,并根据幼儿的需求教授相应的学习内容,为幼儿进入小学做一个良好的铺垫。

(谷晶晶)

66. 当幼儿对教师的提问答非所问时，应如何调节与引导？

之所以会出现幼儿答非所问的情况，无外乎两种原因：第一，教师的提问方式不恰当，问题过难或过于笼统，导致幼儿无法回答，比如提问幼儿"小刺猬的生活习性是什么"，幼儿不懂"习性"是什么意思，自然无从回答。第二，幼儿本身的思维控制能力有限，他们容易沿着一个话题发散而忘记教师原本的问题，比如教师问："汽车有什么用途？"第一个孩子回答说："汽车可以拉人，我爸是开大轿车的。"其他幼儿听到后就会延续说下去说："我爸是开大卡车的"、"我爸是开火车的"……完全脱离了教师的问题。

如果是因为第一种原因，教师就要规范自己的提问方式。可以采取以下措施：

(1) **了解对象，把握教材**。教师的提问要适合幼儿的年龄特点，找准切入点，突出重点性问题；同时，要循序渐进地进行提问。比如教师出示一张小熊过生日的图片，针对小班幼儿，教师可以问："在图片中间的是谁？他在干什么？图片上还有谁？他们手里拿着什么？中间为什么有个蛋糕？今天是谁在过生日？大家送了什么礼物……"针对中班幼儿，教师可以问："这张图片中都有谁？他们在干什么？"然后，要求幼儿连续回答；针对大班幼儿，问题要更加开放，要求幼儿完整回答，也可以两问一答或者三问一答，比如"这张图片讲了一件什么事情？""如果让你给这张图片取个名字，你打算取什么？""动物们的心情怎样？你从哪里看出来的？"……

(2) **注重采用多样性提问**。教师要注重提问方式的多样性，包括提出一些突破常规的问题、预想后果的问题等。比如，讲了《七色花》的故事后,教师可以提问"如果你有一朵七色花,你打算做什么用"、"小白兔是怎样战胜大灰狼的"等问题,能使幼儿学会从多种角度了解事物,开阔思路,形成多种答案,并在一定程度上增添活动的情趣,激发幼儿的情感与思维。

(3) 善于追问和质疑。 当幼儿表述不清或回答不准确时,教师要善于运用质疑和追问。还可以师幼双向提问,鼓励幼儿的自主求疑。比如教师组织中班幼儿讨论秋天的特征时,一个幼儿说:"秋天天气变冷了。"教师追问:"冷了是需要穿羽绒大衣吗?"幼儿说:"不用,不是那么冷。"教师再接着追问:"那是冷吗?能换一个什么词?"幼儿回答:"不是冷了,是变凉了。"教师也可以在这个幼儿回答后问其他幼儿:"你同意他的说法吗?你还想补充什么?"

注意以上几点,相信答非所问的幼儿会逐渐减少。

(谷晶晶)

67. 幼儿很多时候言行不一,教师应该怎样看待这种现象?怎样引导他们?

在幼儿园,我们经常发现幼儿有言行不一的情况。教师在对幼儿进行生活习惯、学习习惯的培养时,会对幼儿的不适宜行为进行提示和引导,面对这些提示,有些幼儿当时认同了,但没过一会儿又回到老样子;也有时他们明知道自己不应该这样做,可就是做了。当教师与幼儿家长就这些问题进行沟通时,家长反映在家里孩子也是如此。

首先,我们要承认幼儿的认识与行为不一致是很正常的,主要原因是他们的社会经验不足,自控能力差,"想"和"做"自然就会发生脱节。除

了这个主要原因,还有可能是因为他们畏惧老师,在犯错误时想出的"临时脱逃计"——赶快承认错误,就能赶快去游戏、不必受惩罚。所以,虽然口头上承认了错误,但是他们并没有认识到自己到底哪里做得不对,自然就不会主动去改正。或者因为教师提出的要求对他们来说太难了,可是因为害怕老师,他们不敢提出来,只能阴奉阳违。此外,也不排除幼儿是为了获得教师或者家长的注意而故意为之的。

因此,面对幼儿言行不一的情况,教师应根据幼儿的性格和具体问题进行细致分析,找到原因,再采取相应的措施。

(1) 面对自控能力差的幼儿:教师平日里要加强对这类幼儿的关注,及时看到他们的努力和进步,及时进行表扬。另外,也可以利用"家长园地"或墙饰的一角,创设"我能行宝宝秀"专栏,让幼儿看到自己的优势,有自信心改正错误。

(2) 面对畏惧教师的幼儿:首先,教师要努力营造宽松、平等的班级管理氛围,使幼儿敢于表达心声。当幼儿犯了错误时,不要斥责幼儿,要循循善诱地引导幼儿认识到自己的错误,并给他们机会改正,同时表达教师对他们的期望,给幼儿以正面的引导。如果是因为教师提的要求过高,超越了幼儿的能力发展水平,教师就要适当降低自己的要求或减少一些不必要的要求,使要求更加合理化,等幼儿胜利完成任务后,再逐渐增加难度。

此外,教师还可以开展"幼儿自定班级各项规则"、"评选老师当幼儿的大朋友"、"教师也要遵守规则"等活动,这样做一方面为幼儿树立了榜样,另一方面有利于建立平等公正的班级氛围,引导幼儿从他律走向初步的自律。

(3) 面对为了获得关注的幼儿:对于这类幼儿,当他们表现出错误行为时,教师要予以忽视。当看到自己的行为达不到想要的效果时,幼儿就会逐渐停止。不过,一旦发现幼儿有良好的行为表现,教师就要对其进行表扬和鼓励。

(温旭辉)

68. 对于有较强攻击性行为的幼儿，教师如何进行引导？

几乎每个幼儿都曾有过攻击性行为，偶尔为之对这个年龄段的孩子来说是很正常的，但如果这种行为频繁发生，就会影响该幼儿与其他小朋友的关系了。作为教师，我们首先要分析这类小朋友出现攻击性行为的原因。

(1) **模仿是导致幼儿产生攻击性行为的很重要的原因。**幼儿一方面是模仿影片、动画片中的打斗场景，一方面是模仿家长的行为。在一些家庭中，幼儿在犯错之后会受到家长的"棍棒教育"，导致他们在幼儿园的生活中也表现出攻击性行为。

(2) **没有正确的解决问题的方法。**现在大多数幼儿都是家中的"小皇帝"、"小公主"，当出现问题时，很多家长会采取顺从孩子或转移孩子注意力的方法。例如：家中看什么电视节目大多数都是由孩子决定的；孩子摔倒了，家长会说"该死的石头把宝宝绊倒了，打石头"。结果导致幼儿"以自我为中心"，到了幼儿园后就会出现"我想玩就得给我，不给就打"，或者把过错归咎于他人，进而出现攻击性行为。

(3) **幼儿不像成人有一定的自我控制能力。**当幼儿园的一日生活长时间出现"放羊"现象时，就会造成幼儿精神的疲劳，他们就会通过攻击性行为进行不正当的"宣泄"。

找到了原因后，教师应该怎样进行指导呢？

(1) **避免环境中出现诱导幼儿攻击性行为的因素。**家园共同配合减少、避免环境中的暴力因素,比如筛选没有暴力情节的儿童影像制品、亲子之间和睦相处等。

(2) **教给幼儿正确解决矛盾和问题的方法**。比如轮流、剪刀石头布、协商等。对于那些善意的爱"打抱不平"的幼儿,教师应引导他们必要时寻求教师的帮助。

(3) **榜样强化作用及鼓励**。对通过协商解决矛盾的小朋友给予表扬,以此来树立榜样;对有攻击行为的幼儿多加关注,对他们的进步及时给予表扬。

(4) **活动材料要丰富,一日活动安排要合理**。尽量提供充足的活动材料,并且合理安排幼儿园的一日生活,做到动静结合,使幼儿的精神维持在一定的平衡状态。

(王兰)

69. 中班幼儿特别爱告状,教师应该怎么办?

很多教师发现,幼儿升入中班以后,告状现象逐渐增多,比如:"老师,嘟嘟插队了"、"老师,明明洗手没有打肥皂"……4—5岁的幼儿爱告状是他们判断是非的能力和独立处理问题的能力尚未成熟的表现,这是由他们的年龄特点决定的。对于幼儿的告状行为,教师应该怎样做呢?

首先,尊重和理解幼儿。教师要认真、耐心地倾听,并站在幼儿的角度尊重和理解幼儿,不能随便敷衍,否则既是对幼儿的不礼貌、不尊重,也会让幼儿感到委屈。

其次,了解原因,对症下药。听完幼儿的讲述后,教师要弄清楚事实的真相和幼儿告状的原因，然后根据具体的情况采取不同的处理方式。

◆有的幼儿告状是因为其他幼儿危害到了自己的"利益"。中班幼儿正处于思维发展的具体形象阶段，其主要特点之一是以自我为中心，这种思维方式使幼儿在考虑问题时总是从自己的感觉出发，而不善于站在别人的角度和立场上想问题，因此，在集体活动中，幼儿之间经常会出现意见不和、争夺玩具和书籍等现象。当这些纠纷发展到一定程度的时候，有一方就会告诉老师，以求得老师的公正裁决或给予保护。作为教师，我们应在解决幼儿行为问题的同时，引导幼儿进行换位思考，学会理解和宽容，有目的地引导幼儿学会运用礼貌用语来获得同伴的允许和帮助。教师还可以有针对性地开展相关的主题活动，就发生在幼儿身边的争抢等问题组织幼儿展开讨论，从而帮助幼儿找到解决问题的办法。

◆还有的幼儿告状，是为了维护规则。随着年龄的增长，中班幼儿的道德感也在不断地发展，他们能够把一些概括化的道德标准量化到同伴的行为规范上，比如看到其他小朋友违反了规则，做出了不良行为，他们会产生极大的不满，于是向老师告状，希望老师予以纠正。针对这种问题，教师应采取冷静的态度处理，在弄清幼儿行为动机的基础上，有目的地引导幼儿的道德判断和道德评价能力向高一级水平发展。教师还可以引导儿童参与规则的制定，组织一些主题活动让幼儿讨论什么样的行为是正确的、什么样的行为是不正确的，引导幼儿逐渐学会由关注同伴行为的物质后果，到关注同伴行为的主观动机，从而促进幼儿道德判断能力的发展。

总之，身教重于言教，教师要让幼儿在生活中体会到宽容的快乐，学会公正、客观地看待别人；要教育幼儿多看同伴身上的长处，多发现别人值得自己学习的地方，找出自身的不足；同时，教幼儿学会处理矛盾的方法，当幼儿告状时，应尽量鼓励幼儿自己解决问题，千万不要事事包办代替，否则会养成幼儿的依赖心理，还会助长幼儿只看别人的缺点、不看别人的优点、搬弄是非等坏习惯。所以,每次幼儿告状的时候,教师都要问他一个问题:"你觉得我们应该怎么做呢?"或引导幼儿集体进行讨论,把问题抛给幼儿,要让幼儿懂得:除了发泄情绪、依赖成人之外,还要学着自己思考解决问题的办法。幼儿学会了自己处理问题的方法后就不会动不动就告状了,而且这对他们将来面对困难、解决问题也有帮助。

(钱晓凤)

70. 如何有效培养幼儿的注意力?

幼儿注意力稳定性差,容易因新异刺激而转移,这是学前期幼儿的普遍特点。因此,教师应根据幼儿的这一特点,排除各种可能分散幼儿注意力的因素,避免无关紧要的刺激,为幼儿创造适宜的物质环境。同时,幼儿的自控能力较差、缺乏科学的生活规律是注意力容易分散的另一个重要原因。针对幼儿的诸多表现,教师应该怎样做呢?下面是一些经验之谈。

(1) **避免无关紧要的刺激物干扰**。幼儿年龄小,注意力分配能力差,他们不能一次注意很多个对象,周围环境中的一些刺激强烈的、新奇的事物很容易引起他们的注意,如巨大的声响、艳丽的色彩、飞行的昆虫、强烈的光线、教师奇特的装扮等,哪怕是教师的一个小小的与教学无关的举动,都能将幼儿的注意力从教学活动中分散出来,所以教师要尽量避免外界刺激物的干扰。

(2) **帮助幼儿养成科学的生活规律**。幼儿的精力是有限的,他们必须有充足的睡眠和休息时间。但是在日常生活中,有的幼儿晚上看电视的时间过长,睡觉很晚,中午又不休息,造成了他们睡眠严重不足;还有的幼儿在周末和家人一起外出游玩时间过长,消耗太多的体力而得不到充分的休息,在周一入园后便会觉得身心疲惫,精神无存。这样又怎么能集中注意力呢?因此,作为教师,我们要通过制定合理的作息制度和一系列活动,引导家长合理地安排幼儿的生活,帮助幼儿养成早睡早起的好习惯,促使幼儿形成科学的生物钟,保证幼儿有充沛的精力投入到学习和活动中去。

(3) **家园共育,促进幼儿良好注意习惯的养成。**教师可以利用"家长园地"和家长会等多种形式,请家长们相互交流培养幼儿注意力的方法和经验,并向家长介绍一些培养幼儿注意力的小游戏。比如游戏"比一比",即在规定的时间内(10秒、15秒或20秒,根据图片的难易程度和幼儿的个体情况由家长确定时间)让幼儿观察两张相似的图片,到时间后收起图片,请幼儿说一说两张图片的不同之处。在这个游戏中,要注重引导幼儿形成有规律的观察顺序,以提高注意的有效性。再比如游戏"交错的线",即在练习纸上有10条线交错在一起,让幼儿迅速地从左往右追视每一条线,将起始的序号填在线的右端。要求幼儿只能用目光追踪不得用手指或笔尖帮助,从而通过练习逐渐增长幼儿注意的时间。当幼儿正在进行有意义的游戏活动时,成人尽量不要随便地干扰或中断他们的活动,以便让幼儿在实践中养成集中注意力的好习惯。

(4) **从幼儿的兴趣出发,运用丰富的教学手段,吸引幼儿的注意力。**对于幼儿来说,他们的注意力在一定程度上受兴趣和情绪的控制。成人在做自己感兴趣的事情时,会很投入、很专心,幼儿也是如此。因此,教师在设计活动时,要从幼儿的兴趣出发,比如在"认识山楂"的活动中,教师可请幼儿品尝山楂和各种食品;让幼儿自己动手制作山楂糖葫芦;指导幼儿运用泥工、撕纸粘贴等方法制作山楂模型等。通过这一系列的活动,激发幼儿的兴趣,以达到吸引幼儿注意力的目的。

语言是教师和幼儿沟通的桥梁,教师形象化的语言是稳定幼儿有意注意的重要手段。教师的语言要形象、生动,具有针对性和启发性,才能够吸引幼儿的注意力。同时,教师的语言要适合各年龄班幼儿的特点,教师说话的语气、口吻在小、中、大班要有所区别。一般来说,小班教师说话语气要缓慢、亲切、角色意识强;中班教师说话要生动、有趣、游戏情趣强;大班教师的语言要更加富有启发性、诱导性、激励性和知识性。

  教师还可以通过创设良好的教育环境、制作新颖直观的教具来吸引幼儿的有意注意。比如在"食物的旅行"这一活动中,教师可借助消化器官的模型来吸引幼儿的注意力,这样幼儿的注意力会全部集中在模型上,也就很容易接受相关的知识点。但要注意合理地选择和使用教具,以减轻幼儿的精神疲劳,保持注意的稳定。

(钱晓凤)

71. 如何对小班的幼儿进行有效提问?

  小班阶段的幼儿,其思维具有很大的直观行动性。他们的思维活动离不开对事物的直接感知,并依赖于其自身的行动和一定的情境。对于前者,最直接的体现是他们所开展的游戏很大程度上依赖于玩具和活动环境。玩具作为幼儿游戏的物质前提,在这一时期体现得最为突出。比如在"娃娃家"中,如果教师只给幼儿提供娃娃,那么他们就会反复地抱着娃娃玩;如果教师又给他们提供了娃娃的衣服、小碗、小勺和小杯等物品,那么他们就不仅会给娃娃穿衣,还会给娃娃喂饭、喂水。对于后者,是因为这时期幼儿的思维活动常常与他们的动作相伴随,在小班初期的绘画和游戏活动中,思维的直观行动性表现得非常明显。

  基于以上小班幼儿的年龄特点,教师应在素材和幼儿基本经验的结合处设问、提问，这是教师在学习内容与幼儿理解之间架设的桥梁，是激发幼儿思考的工具。在进行提问时，教师还要注意以下几点：

(1) 围绕幼儿感兴趣的话题设计提问，问题要简洁明了、有意义。 在教学中，如果教师提问不明确，没价值，就会使幼儿无从回答。比如教幼儿按数取物时，当幼儿按要求正确地取了相同的材料时，如果教师问"你们为什么这样取"，就会让幼儿感到茫然，因为答案是"老师要求这样取的"。其实，教师应该这样问："你们取了多少个？"在回答这个问题时，幼儿再一次练习了点数，巩固了点数技能。

(2) 问题要重点突出。 比如在开展美术活动"美丽的毛毛虫"的过程中，教师这样提问："毛毛虫的头是什么样子的？像什么一样？请你空手画一画，再跟老师学一学。"这样会使幼儿很快掌握圆的基本画法。因此，教师在提问时心中一定要有目标，这样才能做到重点问题突出。

(3) 问题难度要适中。 教师提出的问题要符合幼儿的年龄特点，使幼儿能够接受，同时需要幼儿付出一定的努力才能回答出来。比如在引导小班幼儿学习儿歌《小手在哪里》的活动中，第一步，教师可以先让幼儿回答填空，提问"小手怎么啦？"幼儿答："小手不见了。"第二步，教师再问："小手在哪里？"幼儿回答："小手在这里。"然后，逐步过渡到综合提问："小手和小脚都做了什么动作？"幼儿回答："小手拍一拍，小脚踏一踏。"第四步，提问幼儿："小手小脚还可以做些什么？"幼儿可以结合生活经验回答。

(4) 提问要有创意、具有启发性，能激励幼儿展开想象、进行创造。 尤其在语言活动中，教师要善于抓住作品中有利于幼儿想象的因素提出问题，使幼儿能从不同角度、不同途径来探索问题的多种可能性。比如在语言讲述活动"拔萝卜"中，主人公一出现，教师就这样引导幼儿："请你帮他们想想，他们拔出大萝卜后会怎样呢？"这是一个发散性的问题，幼儿可以通过自己的联想和想象，从不同角度出发来思考问题，而教师则要采取接纳的态度对幼儿的表述表示理解和支持，这样既有利于培养幼儿的创造性思维，又使幼儿得到心理上的满足。

综上所述，这类问题由学习内容自然引申出来，又直接指向幼儿的相关经验，因此能很好地激发幼儿对学习内容的好奇心与兴趣，刺激幼儿的认知经验，拓展活动的多元价值，同时还能调整课堂氛围，有效地推动活动的发展。

附：儿歌

小手在哪里

小手不见了，小手在哪里？喏！小手在这里，小手拍一拍。

小脚不见了，小脚在哪里？喏！小脚在这里，小脚踏一踏。

（多松美）

72. 对于性格任性的幼儿，教师应怎样引导？

几乎每一个班里都有那么一两个性格特别任性的孩子。对于这种任性的孩子，教师应该怎么办呢？

李老师的班里有这样一个小女孩，她常常按照自己的意愿抢占队伍中的位置；集体活动时常干扰身边的小伙伴，与小伙伴发生矛盾。对于老师的提醒，她毫不在意，一意孤行。

面对上述案例中的这类孩子，教师首先要做的是与幼儿的家长交流，了解幼儿在家中的表现和家长的教育观念、教育方式。任性的性格并不是在短时间内形成的，而是在长期的不正确的教育环境中逐渐形成的。如果幼儿在家中有"绝对的领导权"，即不管幼儿提出的要求是否合理，家长总

是妥协的一方,那么这种一味娇惯、顺从孩子的家庭环境会逐渐使孩子形成任性的性格。

面对任性的小朋友,教师一方面要指导家长给幼儿营造民主型的家庭氛围,比如召开孩子也参加的家庭会议;在家中和孩子一起制定一些大人和小孩都要遵守的"小公约",如"自己的私人物品要自己整理好,每月购买玩具、衣服的数量和费用分别是多少,每月各请自己的一位朋友来做客"等。在商讨制定"小公约"的时候,家长可以根据幼儿的优势和有待提高的方面,有侧重点地进行引导和调整。另一方面,教师要指导家长学会正确处理幼儿提出的不合理要求,比如不要过多理睬幼儿的哭闹;告诉幼儿协商的方法更好;当幼儿用了成人所教的正确方法后,要让幼儿切身感受到这种积极方法带来的舒适感和效果。用一句话来概括,就是淡化消极行为,强化积极行为。

除了与家长进行沟通外,教师还要给予这些小朋友更多的关心和爱心,运用多种正面的、积极的方法(活动前提示、活动中观察提醒、活动后进行表扬和鼓励),帮助幼儿体验遵守集体规则的快乐、与人友好相处的快乐;同时,潜移默化地引导幼儿掌握一些处理问题的方法。最重要的是,成人要给幼儿做出榜样,比如有错主动承担、道歉并改正;与幼儿共同遵守家庭规则、班级规则等。

(温旭辉)

73. 教师如何引导大班幼儿正确看待输赢?

现代社会谁都回避不了竞争,优胜劣汰、适者生存是社会发展的必然趋势。如果没有一定的竞争意识和竞争能力,一个人就

很难在社会上立足。生活在今天的孩子，要想让他们能在明天的生活中感受到快乐和幸福，成为生活的强者，就要特别注重对幼儿竞争意识的培养。但是，过犹不及。鉴于社会竞争激烈，很多家长从小就对孩子灌输"只能赢不能输"的观念，但是让孩子如此对待输赢，当遇到挫折时，他们又该如何面对呢？教师应该怎样引导孩子正确看待竞争呢？

首先，我们应该让孩子明白两个道理：一是要正视输赢，"胜败乃兵家常事"。做竞赛性游戏有赢也有输，能赢固然很好，输了也没有关系，只要尽了最大努力就行；二是认输并不是服输。认输只是承认自己当时不如别人，但并不意味着自己甘愿一直不如别人；输了之后，要认真分析原因所在，以便进一步学习、提高，争取下一次能赢。

幼儿学会了正确看待输赢，接下来怎么做才能培养他们的竞争能力呢？

(1) **大胆放手，培养幼儿的主动精神**。竞争意识，从其实质来说就是主动精神，也就是"我要学，我要做"，而不是"要我学，要我做"。这种主动不仅是幼儿自我提高、自我发展、自我表现的内在动力，也是幼儿及时抓住机遇获得成功的根本保证。现在的孩子大多是独生子女，在家里被爷爷奶奶、爸爸妈妈宠着、爱着，特别是爷爷奶奶，恨不得什么都包办代替，养成孩子依赖性强的坏习惯。长此以往，容易使孩子养成惟我独尊的个性，难免在今后的社会中受挫。所以，很多时候家长都必须得"硬"起心肠，只要孩子能做的就不帮他做，只要孩子能说的就不代替他说，把孩子推到前面而不是扶着、抱着他，这样才能让孩子逐渐意识到：一切都得依靠自己，只有自己付出努力，才能获得相应的成绩，才能感受成功的喜悦和幸福。

(2) **提高效率，加强幼儿的时间观念**。竞争既要强调实力，又要讲求时效。所以，从小就要培养幼儿惜时、守时、抓紧时间、提高效率的意识和习惯。从孩子上幼儿园起，成人就要有意识地指导孩子合理安排时间。

比如：放学回家，他先要完成作业才能玩，晚上再精彩的电视节目也不能多看，到了规定的时间就要上床睡觉。慢慢地，等他长大一点后，就让他自己安排作息时间，并督促他执行。有时，孩子马虎偷懒了，也给他一些小小的惩罚，让他感受到"如果不抓紧时间就会带来严重后果"的事实，进而接受教训，逐渐形成时效观念。

(3) 正视输赢，磨炼幼儿的意志品质。 竞争总是伴随着成功和失败的，怎样正确对待输赢将直接影响到一个人的竞争行为，因此竞争最终将是意志力的较量。一般来说，一个人经受的考验越多，承受的困难和压力越大，意志就会磨炼得越坚强，也越不害怕竞争。

输赢是我们一生中必须去面对的问题，不能因为孩子年龄小就不让他们正确面对输赢。要让孩子有一定的竞争意识，让他们知道赢了不能骄傲，输了不能气馁，这才是我们教育孩子的最终目的。如果家长一味地让孩子只能赢不能输，孩子的承受挫折能力会很差。

有竞争才会有进步、有发展。培养幼儿从小就有竞争意识，不但有利于他们的健康成长，更是时代发展的需要。在科学技术迅猛发展的今天，让幼儿从小懂得爱拼才会赢的道理，才能让他们在社会这个多姿多彩的大舞台上立于不败之地！

(多松美)

74. 对于个别只被动观望他人游戏的幼儿，教师该如何指导？

我们时常会遇到个别只看别人游戏而自己不参与游戏的幼儿，是因为他对游戏不感兴趣吗？还是有别的原因使得他不愿意参与

游戏呢？我想，世界上没有哪个幼儿是不喜欢游戏的。游戏是幼儿最好的老师，也是幼儿体验世界、认识世界和获得愉悦体验的重要途径。那么，为什么会有个别幼儿不喜欢参与游戏呢？

我们应该首先分析一下原因，然后再"对症下药"。幼儿不参与游戏，可能存在两方面的原因：一是对自己缺乏信心，觉得自己不会玩，玩不好；二是这个游戏激发不起他参与的欲望，让他不感兴趣。那么，面对这两种情况，教师应该如何引导呢？

(1) 对于缺乏自信心，觉得自己不会玩、玩不好的幼儿：这样的幼儿往往性格比较内向、胆怯，交往能力较差。对于这类幼儿，教师可以采取以下措施：

◆教师陪他一起玩，教给他正确的玩法，然后及时地对他进行肯定、表扬与鼓励，帮助他树立信心。

◆让能力较强的幼儿主动和他一起游戏，为他的社会交往创造机会和条件，使他慢慢地参与到游戏中去。

◆在游戏前问问幼儿："今天你想玩哪个区？想和谁一起玩？"如果他没有自己的主意，教师可以提出几种选择供他参考。在他有了变化后要及时地表扬、鼓励他，强化他的主动行为。在生活中，也可以适当地给他一些帮助教师的任务或者让他担任值日生的工作，使他感受到自己的能力，逐步做到自信而有主见。

(2) 对于对这个游戏不感兴趣的幼儿：对于这类幼儿，教师不必强求，允许其个性发展。教师可在大部分幼儿感兴趣的游戏结束后，在情况允许的条件下，陪他玩一个他感兴趣的游戏，使他在游戏时间里获得收获和满足。但这只是暂时的做法，最终还是要慢慢引导他，使他回归群体。

（谷晶晶）

75. 如何指导幼儿的户外体育活动？

幼儿园的户外体育活动包括在户外进行的所有活动：早锻炼、间操、散步、徒手操、器械操、集体游戏、自由锻炼（大型器械、小型器械、手头玩具）等。这里我们主要谈谈户外体育活动中的集体游戏与自由锻炼。

幼儿园室外的活动形式多样，既有集体游戏又有分组游戏，还有分散活动。在活动中，孩子们有的玩大型玩具，有的玩手头玩具，有的玩徒手游戏。这就需要教师的观察更到位，不但要带领孩子完成体育锻炼的目的，还要关注幼儿的动作是否协调、在游戏中是否能和同伴合作等。一句话：需要教师有更强的组织协调能力。

(1) 活动安排要全面。 主要体现在以下三个方面：

◆游戏形式要全面：教师要设计幼儿玩的游戏，有集体的、小组的、个别的。

◆基本动作要全面：教师要为幼儿安排走、跑、跳、钻、爬、攀登、平衡等基本动作的练习。还要注重幼儿上下、左右肢体的协调运动。

◆玩具材料要齐全：包括大型综合玩具、中型颠簸摇动玩具、小型手头玩具。

不同的活动方式的玩具要区分开，避免混杂在一起而发生危险。比如：自行车、摇摇车不要和球类玩具放在一起让幼儿玩，彼此间要有适当的距离以便于幼儿活动。此外，投掷类玩具要尽量向一个方向投掷，以免伤到其他小朋友。

(2) 鼓励幼儿自主创新玩法。 教师一定要保证2/3的自由锻炼时间留给幼儿的自由活动。在活动过程中，要引导幼儿一物多玩，因为活动的目的不只是锻炼幼儿的身体,同时还要开发幼儿的智力、培养幼儿的自制力和合作能力,让幼儿体会集体游戏的快乐。比如:一张报纸,可以把它贴在胸前向前跑,可以顶在头顶走平衡,可以团成球练投掷,还可以卷成小棍"赶小猪"(用报纸棍扒拉报纸球到指定位置)等。教师要鼓励幼儿自己创造新玩法,通过幼儿的相互模仿丰富活动的内容,让幼儿得到全面锻炼的机会。

(3)合理把握活动量。 户外活动的活动量要保持倒U型结构。开始时,指导幼儿做好准备活动,让他们开展运动量小的活动,然后逐渐增大运动量,结束前让幼儿做轻松的整理运动。观察是了解幼儿活动量是否达到的最佳方式。在活动了一定时间后,幼儿会出现面色潮红、微微出汗、呼吸急促的情况,这是锻炼的结果,也代表达到了活动量。

幼儿间的运动技能和身体素质差异很大,教师要注意观察并实施个性化的指导,注意动静交替、缓急交替(如奔跑游戏和平衡游戏交替玩、运动量大小不同的游戏交替玩),既要保证幼儿达到一定的活动量又要注意不让幼儿因过度疲劳而受到伤害。

(程建华)

76. 如何评价幼儿的游戏?在游戏各环节,教师的指导任务是什么?

评价的价值不仅在于促进教师的成长,更能影响幼儿的心智与能力发展。教师和幼儿既是评价者又是被评价者。教师、幼儿和环境好比是发动机的齿轮,评价好比齿轮上的润滑剂,在教师与幼儿、幼儿与幼儿、幼儿与环境的咬合中,监测运行状况,起到调节与协调作用,增加和谐动力,去除无效功力。评价为教师的"教"和幼儿的"学"提供了支持,让幼儿和教师得到进步的信息,明确下一步的前进方向。

游戏活动中的评价使教师能全面了解到每一个幼儿的发展,能针对幼儿表现出来的优势和弱点及时调整目标,用全新客观的眼光看待每一个幼儿,以鼓励、表扬、启发的方式为主,注重对幼儿学习过程的评价,以发现幼儿不同的思维模式,转变以往观察评估时仅从教育者的角度出发、用统一的标准来评价的方式。教师要善于从幼儿学习的习惯、情感、态度、兴趣等非智力因素出发,及时发现每一个幼儿的认知特点、兴趣表现,以发展的眼光看待幼儿,理解幼儿的内在感受和体验。

评价可以是幼儿自评、互评或教师讲评。从形式上又可分为集体评、小组评、即时评、阶段评等。教师要根据实际情况灵活地选择适当的方法来评价。对于小班幼儿,可以采用及时评;对于中、大班幼儿,可采用自评和互评的结合。评价时要围绕教育目标、幼儿的发展情况及实际问题进行评价,要以肯定为主。在评价时,要尽量引导幼儿发现别人的优点及自己在游戏中的表现和存在的问题。对幼儿游戏的评价不应仅仅出现在游戏结束后,教师应根据幼儿游戏的行为表现,在游戏初期就评价游戏的计划与准备情况,在游戏中期评价游戏的进展情况,在游戏末期总结探索经验。具体做法如下表所示(见表1):

表 1

游戏前	计划	区域目标	是否符合幼儿的年龄特点？是否兼顾幼儿的兴趣、态度和积极情感的培养？
		发展水平	材料是否符合幼儿的操作水平和已有经验？是否能引起幼儿的探究行为？
		区域位置	能否建立互动行为？是否方便幼儿走动？是否有利于幼儿交往？
	准备	时间安排	能否保证有效的游戏时间？是否能根据儿童的需要随机调整游戏时间？
		空间设置	幼儿有充分的活动空间吗？有根据幼儿的需要拓展的余地吗？
		材料投放	是否便于取放和收拾？儿童是否能够自行补充材料？
游戏中	观察	获得的发展	儿童的发展是否和目标相一致？能力技能是否有所提高？
		发展的需要	哪些玩具材料需要调整？有适合儿童的个性化材料吗？允许幼儿自己带材料进行补充吗？
		遇到的困难	儿童是否遇到心理上、合作技巧上或能力技能上的困难？需要成人帮助还是引导他们自己解决？
	支持	语言鼓励	支持创造、鼓励合作、提出挑战任务。
		材料递进	调整玩具，补充材料。
		技能提高	帮助幼儿明确目的，理清思路，发现问题，找到解决问题的办法。
	交流	情感体验	引导幼儿享受成功的乐趣，强化他们克服困难的信心。
		获得的经验	和幼儿一起回顾、交流、总结、分享游戏中的经验。
		变换的规则	讨论规则的合理性，并改变不适宜的规则，使游戏能进行得更加顺利。

表1续

结束后	分析	目标的适宜性	游戏的结果是否和目标相一致？哪些地方不一致？所做的改变合理吗？
		环境与材料	环境是否有利于儿童的探究活动？材料是否能促进儿童的能力和技能发展？儿童的即时需要是否得到满足？
		过程中的指导	指导的方式对幼儿的积极游戏行为是有促进作用还是阻碍作用？
		儿童的表现	每个儿童都在愉快地游戏吗？儿童和教师、同伴之间的交流有障碍吗？儿童愿意和同伴分享经验吗？哪些儿童需要特别关照？
	反思		指导是否有效？儿童的兴趣应向哪一方面引导？下一次应该注意什么问题？

幼儿应是主动的学习者，在游戏活动中，他们应是主动的探索者、研究者和发现者，是知识经验的主动建构者；而教师则应是幼儿探究活动的支持者和引导者。

（刘洪霞）

家园合作联动篇

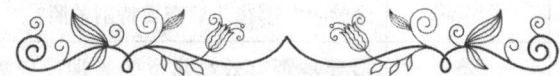

　　家长是孩子的第一任"教师"。因此，幼儿教师必须充分理解家长的教育期待、了解家庭教育中存在的误区、分享家长的教育资源、主动与家长合作形成教育合力，才能高效率地促进幼儿的健康成长。本篇包括家长和孩子的入园适应、社区资源的利用、家庭亲子教育、家园合作科学育儿等内容，尤其是重点介绍了与家长沟通的有效方法。

77. 幼儿园的家长工作都包括哪些形式和内容？

家长不仅是幼儿教育的重要资源，更是幼儿园教育的重要合作伙伴。因此，做好家长工作是取得家长对幼儿园工作支持的重要途径。幼儿园的家长工作是幼儿园工作的重要组成部分，《幼儿园教育指导纲要（试行）》指出：家长是幼儿的第一任教师，家长与教师有效合作，将对幼儿的身心发展、游戏水平及学习能力的提高产生积极的影响。

在教育幼儿的过程中，我们经常采用的家长工作形式多种多样，包括：家长会、家访、家长园地、家长半日活动开放、家长约谈、家园联系册、家长信箱、家长学校、家长委员会、家园网络互动交流平台、家园短信平台等。虽然每一项家长工作各有其特点，但都是为了帮助家长了解幼儿园的各项工作，同时展示幼儿园工作的优势和需要家长配合的内容。下面详细介绍一下每项家长工作的内容及其运用方式。

(1) **家长会**。家长会是家长工作中比较常见的一种形式，一般在幼儿即将入园时和每个学期初进行。主要内容包括向家长介绍幼儿园的情况、幼儿园的教育目标以及家园共育的内容，使家长们进一步了解幼儿园的教育侧重点以及家长应如何支持、配合幼儿园的各项工作。

(2) **家访**。家访是教师在幼儿入园前较常采用的一种家长工作方式，主要是为了让教师更多地了解即将入园的幼儿在家中的情况，和幼儿提前熟悉以降低幼儿入园后对教师的陌生感，并指导家长帮助宝宝适应幼儿园的集体生活。家访亦可用于班级特殊儿童的家长工作，使其家长重视孩子在园的异常表现，进一步指导家长配合幼儿园的各项教育工作。

(3) 家长园地。 家长园地是教师向家长介绍幼儿园教育活动和育儿知识的常见途径。它的主要内容有：向家长介绍教育教学计划和主题活动的进展情况、展示宝宝在园活动的风采、分享家庭教育策略、介绍幼儿护理常识等。教师还可根据幼儿的年龄特点设计一些家园互动的内容，比如在小班的家长园地，教师可以设计"夸夸我的好宝宝"栏目，请家长介绍他们看到的幼儿进入新集体后的可喜变化，让孩子看到后渐渐喜欢上幼儿园，并学习好的榜样。

(4) 家长半日开放活动。 幼儿园为了让家长了解幼儿在园的情况，经常会组织一些半日开放活动，主要内容涉及运动会、新年联欢、六一联欢、教育活动观摩等。此外，还有的幼儿园根据当前的社会焦点、热点问题整体设计了大型开放活动，如迎世博亲子绘画活动、为汶川地震受灾儿童募捐的义卖活动、环保DIY亲子制作活动等。

(5) 家长约谈。 每个家长都希望老师能多多关注自己的孩子，因此，教师要有计划、有目的地与家长进行交流。约谈可以是在幼儿来园和离园时与家长进行的短暂沟通交流，还可以是根据孩子近期在园出现的问题与家长进行的约定交流。

(6) 家园联系册。 家园联系册是供教师和家长书面沟通交流幼儿情况用的。联系册的主要内容是家园双方相互介绍幼儿在家、在园的一些表现，提出问题和解决策略，使家园共同努力促使幼儿发挥优势，弥补不足。教师的语言叙述要适宜，言辞要委婉易于家长接受。

(7) 家长信箱。 家长信箱是家长与幼儿园、与教师书面沟通的又一形式。家长是幼儿园服务好坏的主要评价者，因此，幼儿园可以设立家长信箱来搭建家长与幼儿园及时沟通的桥梁，家长既可提建议、提问题，亦可写表扬信表达对教师工作的满意。设立家长信箱主要是为了弥补家长与教师口头交流的局限性。比如新入园时有些家长特别担心教师不了解孩子，这时可让家长以书面形式详细介绍孩子的情况，然后把信投递在家长信箱里，以便教师从更多侧面了解幼儿。

(8) **家长学校**。幼儿园有责任指导家长学习科学育儿的方法，开办家长学校是幼儿园全心全意为家长服务的一种体现。幼儿园会定期请专家到园里与家长互动交流，让家长与时俱进地了解科学育儿、健康育儿的知识和方法。

(9) **家长委员会**。家长委员会是由班上的教师推荐组成的家长服务团体，主要目的在于协助教师和幼儿园开展各项工作，是教师、幼儿园与家长之间联系沟通的纽带。

(10) **家园网络互动交流平台**。在信息化发展迅猛的今天，幼儿园为家长提供了便捷、实用的网络信息交流平台，主要内容包括建立园所网站、校友录、班级博客等，以便家长们能随时了解幼儿在园的情况，与教师进行互动沟通。这种形象直观的沟通形式深受广大家长的好评。比如小班新生入园后，教师上传大量幼儿在园活动的照片来消除家长的担心；中、大班教师上传主题活动的照片让家长了解班级的近期教育活动内容等。

(11) **家园短信平台**。这是幼儿园新增设的家长工作服务项目。教师能随时上网给家长发送短信通知家长需要配合的各项工作，切实体现了一切为了孩子、全心全意为家长服务的宗旨。比如，教师可以将通知、温馨提示、"请您关注"的信息直接发送到家长的手机上，使家长第一时间了解幼儿园活动的内容。

丰富多彩的家长工作形式需要教师活学活用。教师需要不断累积家长工作的经验，以便让更多的家长支持幼儿园的各项工作，达到家园共育的目的。

（印萍）

78. 教师如何指导家长帮助孩子尽快适应幼儿园的生活?

小班幼儿在刚入园时一般都会产生分离焦虑。家长应该怎样帮助幼儿尽快适应幼儿园的生活呢?

(1) **做好入园前的准备工作,减少孩子对幼儿园的陌生感。**家长可以和孩子一起参加幼儿园的亲子班活动,先让幼儿熟悉幼儿园,体验幼儿园的生活。

◆在亲子活动中,孩子在教师和家长的陪同下,逐步了解并慢慢地适应幼儿园的一日活动,逐渐消除对幼儿园的陌生感。亲子活动使幼儿感受到幼儿园集体生活的乐趣,能激发他们入园的愿望。

◆家长要给孩子讲述幼儿园里快乐的事,帮助孩子减少对幼儿园的陌生感。家长要对幼儿园的生活有初步的了解,在家里常给孩子讲讲他可以在幼儿园做的事情,比如可以和老师一起做游戏;可以听老师讲好听的故事、唱好听的歌曲;可以玩很多好玩的玩具;可以和小朋友一起玩滑梯等。这样幼儿在来园之前就会对幼儿园的生活有所憧憬,对他尽快适应幼儿园生活会有较大的帮助。

(2) **幼儿入园初期,家长要控制自己的情绪,做好心理准备。**要知道,孩子进入幼儿园是迈入社会的第一步,家长首先要做到每天坚持送孩子入园,不能"三天打渔,两天晒网"。当孩子不想上幼儿园时,家长一定要立场坚定,同时要控制好自己的情绪,不能被孩子的哭闹吓倒。如果孩子一哭,家长就不送孩子去了,会让孩子感到"我一哭就可以不去幼儿园了",这样家长的努力就半途而废了。家长坚持每天送孩子上幼儿园,能培养幼儿良好的入园习惯,同时能帮助幼儿尽快地适应幼儿园的生活。

家长送孩子来园时，将孩子交给老师后，不要在幼儿园久留，不要犹豫，应该相信教师能照顾好自己的孩子。家长还可以将孩子平时在家里喜欢玩的玩具或物品，或者爸爸妈妈的照片带到幼儿园。当孩子想家时，可以让他抱抱他的小布偶，看看照片，以增强他的安全感，孩子哭闹的现象会逐渐地减少，情绪也会慢慢地平静下来，这样也有利于幼儿尽快适应幼儿园的生活。

(3) 利用调查表，帮助家长了解自己的教育行为，了解幼儿的基本情况。教师可以在孩子入园初期发放《家长调查表》和《致家长的一封信》，以了解幼儿在家中的一些表现与行为，掌握幼儿各方面的情况，同时进一步了解家长的教育行为，告诉家长幼儿入园常出现的问题及需要家长配合的事项。

比如：让家长了解幼儿园，了解教师的教育内容；当需要家长在家协助培养孩子的自理能力时，教师要告诉家长具体的指导措施；告诉家长在家要多向孩子说说幼儿园里有趣的事情以及教师是如何关心小朋友的，以便消除孩子对幼儿园及教师的恐惧感。

当孩子在家里有不好的行为，如不好好吃饭、不听话时，家长要做正面的引导，不要用教师来吓唬孩子，比如有些家长认为孩子上幼儿园了，教师能够管他了，就会吓唬孩子说："再不听话就把你送到幼儿园去找老师。"这样的话会让较小的孩子产生恐惧心理，他们会感到老师很可怕，会因此不喜欢老师、不喜欢去幼儿园，这对他们适应幼儿园的生活会有不利的影响。

教师在幼儿园培养幼儿常规习惯的同时，家长在家也要继续培养。当看到孩子有进步时，家长要鼓励、表扬孩子，让孩子知道"这样做是对的"、"这样做是好孩子"。家园教育一致了，孩子便能顺利地度过分离焦虑期，尽快地适应幼儿园的生活。

(任宏侠)

79. 组织家长开放日时应该做好哪些准备？

家长开放日是家长了解幼儿园教育内容的主要途径，也是家园共育的有效载体。举办此项活动的目的在于进一步提高园所的办园质量，让家长直观地了解孩子在园的生活学习情况；向家长宣传新的教育观、儿童观，让家长了解幼儿园的教育工作，能主动配合教师，做到家园互动；增进幼儿和家长的联系和沟通，增进家长与教师、家长与家长之间的交流，增进亲子间的感情，鼓励幼儿在成人面前自信大胆地表现自己。教师在组织家长开放日活动时应注意哪些问题、做好哪些准备呢？

(1) 要根据幼儿的年龄特点，选择半日开放活动的内容。 具体做法如下：

◆幼儿园小班的半日开放活动是以有趣的亲子游戏为主题的活动。因为小班的幼儿对成人的依恋感比较强，在活动中他们往往希望爸爸妈妈寸步不离自己，为了让孩子们有安全感，也为了让他们感受到家长陪伴参与幼儿园游戏的快乐，教师设计的教育活动最好是亲子共同完成的项目。

◆幼儿园中班的半日开放活动是以展示幼儿的动手能力发展为主题的活动。《幼儿园教育指导纲要（试行）》指出，中班幼儿的教育侧重于目标化的区域活动。这体现了中班幼儿活泼好动，敢于动手进行操作实践的年龄特点。为此，教师要设计一些区域活动展示，这既能满足幼儿动手动脑、操作尝试以获得知识的需要，又可让家长观察、感受到自己的孩子能独立进行活动了，孩子真的长大了。

◆幼儿园大班的半日开放活动是以展示幼儿的合作意识、规则意识、竞赛意识为主题的活动。这些活动既能激发幼儿的创新能力，又能让家长体会到实施幼小衔接教育的实效性。

(2) 要提前做好半日活动计划。 幼儿园的半日开放活动不仅仅要向家长们展示教育活动，还要将一日生活的其他环节展示给家长，如生活活动（洗手、饮水、进餐等）、区域活动、体育活动等。这就要求教师要提前做好计划，做到有目的、有计划地进行半日开放活动，以免给家长手忙脚乱、杂乱无章的感觉。

除了常规活动的半日开放，还有运动会、新年联欢、主题活动等其它形式的半日开放活动，这些互动形式较强的开放活动也深受家长的欢迎。在运动会中，教师要提前根据活动的安排让幼儿练习入场。此外，还要设计幼儿要展示的操节、进行的体育游戏，并做好相应的材料准备，然后根据场地合理地摆放运动器械，同时鼓励家长们的积极参与；而新年联欢活动则是教师提前编排好的以幼儿表演、亲子互动游戏、家长参与游戏为主的半日开放活动，以此促进幼儿园与家长、孩子与家长、家长与家长之间的理解、互助和沟通；主题活动开放主要是以当前社会的大事为主线，以班级或幼儿园名义发起的开放活动，如园内义卖开放活动、迎世博绘画活动、迎"六一"幼儿自制环保时装秀活。一个个丰富多彩而富有个性的半日开放活动向家长们展示了幼儿、教师的和家长自己的风采。

无论哪种形式的开放活动，教师在活动中都要以面向全体幼儿为原则，激励幼儿人人参与，尽量让每一个孩子都有充分展示的机会，培养幼儿大胆探索、敢于创造、善于思考的精神。

(3) 应注意在半日开放活动中有效利用家长资源，达到家长协助教师共同办好开放活动的目的。 在开展以上各项活动时，教师都可以提前请家长们自愿报名做义工，来协助教师、幼儿园做好活动。有的家长可以做专业的摄影师、摄像师，有的家长可以帮助教师维持场内秩序，还有的家长可以帮助教师为其他家长服务、为幼儿服务，比如自助餐时，可以与教师一同为幼儿分餐；运动会时，可以帮助教师用数码产品记录精彩瞬间等。

这不仅能让家长们体会到教师在幼儿园组织孩子活动的辛劳，还可以增进家长与幼儿园间的理解和互动。

幼儿园和教师应多向家长征求意见和建议，使半日开放活动更能满足家长的需求，真正成为展示幼儿园先进教育理念的平台。

(印萍)

80.怎样有效利用家庭和社区资源？

在幼儿园教育过程中，能够有效利用家庭和社区资源才能帮助幼儿有更快、更好的发展。幼儿园教育与家庭、社区资源的整合可使孩子得到连贯的、系统的、一致的教育，促进孩子在各方面协调发展。下面将家庭和社区资源分为两个方面进行介绍。

(1) 家庭资源的利用。 有以下几种方式：

◆利用家长工作的便利，使家长协助幼儿园做好教育幼儿的工作。教师几乎每天都会与家长们进行各种形式的、不同程度的沟通。只有更好地发挥家长的协助作用，才能使幼儿园教育和家庭教育协调一致。教师可以利用"家长园地"介绍班级的活动主题、月目标、周计划等，让家长了解幼儿园教育的内容；利用班级博客记录幼儿的活动进程，上传幼儿活动的剪影；利用飞信平台与家长及时有效地沟通，以便家长及时配合幼儿园及班级的各项工作。

◆招募家长志愿者参与幼儿园和班级的活动。运动会、新年联欢会、庆"六一"演出、全园开放日活动、募捐、义卖等活动都需要家长们协助幼儿园和教师开展活动。有的家长可以协助幼儿园做好安全工作，有的家长可以表演节目，有的家长可以为幼儿园工作献计献策，还有的家长可以当裁判员、计数员……家长的参与不仅能让活动更加顺利地开展，还可以让家长体验到教师组织各种活动时的艰辛，增进教师与家长之间的理解和沟通。

◆家长间育儿经验的交流沟通。现在的家长越来越重视孩子的教育，他们在接送孩子的时候都会不停地聊着各种育儿的话题。作为教师，我们要善于搭建家长之间的育儿经验交流平台。比如针对一些孩子早晨不爱起床、不吃胡萝卜、不爱叫人等问题，教师可以诚邀其他家长把自己在教育实践中的好方法、好点子与这类孩子的家长交流分享，拓宽家长们在教育过程中的思路，鼓励家长们纠正自己错误的教育方式、尝试新的教育策略。

◆家庭中玩具、图书等材料的共享。现在的孩子很幸福，家里的图书、玩具多得数不胜数，而且很多玩具都还没怎么玩，就被孩子三下两下搞坏了。自从班上开展了玩具、图书共享活动之后，孩子们知道了自己的玩具或者图书不仅要好玩、好看，还要完好无损，这样其他小朋友才愿意跟自己交换分享。而且当他们把自己的玩具交给其他小朋友时，还会学着爸爸、妈妈的口吻说："你轻点儿玩，别给我弄坏了。"通过分享活动，孩子们不仅变得更爱交流了，还学会了爱护自己和他人的物品。

(2) 社区资源的有效利用。有以下几种方式：

◆有效利用社区内的绿化资源，丰富幼儿的感官经验。大多数幼儿园所在的社区都会进行一些绿化、美化的工作，用各种植物、雕塑装点小区内的生活环境。教师要学会观察、利用社区内丰富的绿化资源，带领幼儿认识季节、观察植物，对他们进行环境保护意识的教育等。

◆带领幼儿参观、认识社区内的银行、邮局、超市、消防站等场所，以增强幼儿的社会经验。幼儿对形形色色的职业很感兴趣，但是他们对这些职业的了解却很少。大多数教师和家长也只是根据书本、图片向幼儿进行简单的介绍，导致幼儿的认知处于虚拟境界之中。为了便于幼儿的认识和理解,教师可以事先与社区内的这些单位预约,然后带领幼儿参观,请工作人员介绍他们的工作。

◆加强社区内的育儿宣传活动,并招募社区内的志愿者参与,以提高宣传力度和质量。幼儿园有责任向社区内有孩子的家庭宣传科学的育儿知识,这不仅是对幼儿园教育的宣传,也是让更多的家长、家庭了解科学育儿的知识和方法。幼儿园还可以在社区内组织亲子游戏活动,邀请社区内未上幼儿园的孩子及其家长参与;也可提前通过家委会、社区内家长的配合进行调查宣传,发放活动通知及要求,邀请社区内的志愿者为活动照相、提供服务等。

◆有效利用社区内的广场、健身中心、礼堂、街心花园等场所,开展丰富多彩的互动活动。活动场地的有效利用能促进活动的顺利开展。在一次"三八节"送花的活动中,我们带领幼儿到街心花园,把幼儿自制的花送给在街心花园中锻炼、休息以及路过街心花园的每一位女性。这类活动让幼儿有机会走出幼儿园,不仅锻炼了他们的胆量、语言表达能力及交往能力,还让他们对节日的意义有了更加深刻的认识。

(印萍)

81. 怎样指导家长给孩子选购玩具?

鲁迅先生曾说过:"游戏是儿童最正当的行为,玩具是儿童的天使。"但如何给孩子选择适宜的玩具呢?

很多家长在为幼儿选购玩具时容易出现几个误区:其一,孩子要什么,家长就给买什么,不考虑其价值和用途,就图孩子高兴;其二,别的孩子有的玩具,自家的孩子也得有,不考虑是否适合自己孩子的需求和年龄特

点;其三,根据家长自己的喜好选择玩具,不考虑孩子的实际能力和需要。为此,建议家长在为幼儿选购玩具时考虑如下几个因素:

(1) **选购玩具时要根据孩子的年龄特点。**现在的很多家长给孩子买东西真是"不差钱",只要看到有新式的、好玩的玩具就忍不住给孩子买回来。结果,有的玩具买回家孩子看都不看一眼,还有的玩具孩子玩了一会儿就放弃了,家长很泄气,觉得孩子"不买账",辜负了自己的一片心意。我认为,孩子之所以有这些表现,是因为家长没有给孩子买到合适的玩具,引不起孩子的兴趣,而这要归咎于家长不了解孩子的年龄特点。

不同年龄阶段的孩子的玩具是有一定区别的。1岁以内的婴儿适合玩摇摇棒、旋转音乐玩具、蹬踹架玩具等;1—2岁的幼儿因为刚会走,可以买一些电动玩具、拖拽玩具让他们跟着练习走;2—3岁幼儿由于其精细动作能力发展还不成熟,所以适合玩比较大一些的玩具材料,如大一些的娃娃、汽车、串珠、插塑、嵌板和拼图等;对于4—6岁的幼儿,则可以根据他们的能力发展差异选择乐高拼插玩具、电路玩具、棋类玩具等。请家长选择那些能发展孩子观察力、想象力、动手能力的玩具,在玩的同时启发孩子的创造力,锻炼其动手能力。

(2) **注意外包装上的年龄标识。**很多玩具的外包装说明上都有适宜幼儿的年龄阶段,有的标明适合3岁以下,有的标明适合3岁以上,还有的更为详细,按月份标明……这些标识也可以帮助家长选择适合自己孩子年龄段的玩具,请家长们千万不要忽视。

(3) **选购玩具时注意玩具的质量。**有的家长在选择玩具时一味地投孩子所好,不考虑玩具的质量,只要孩子喜欢,就给孩子买;有的家长怕孩子哭闹,要什么,给买什么,根本顾不上看玩具的质量;还有的家长认为孩子玩不了多久,会在一些非正规场所购买"三无"产品给孩子玩。质量差的玩具是孩子健康的"隐形杀手"。孩子在玩耍的过程中会与玩具亲密接触,那些会释放有毒物质的玩具无疑会使孩子的健康受到伤害。因此,家长一定要选购正规厂家生产的、对孩子健康无害的玩具。有几个简单识别玩具好坏的方法和大家一起分享:"闻一闻",有无异味;"摸一摸",是否掉色;"查一查"相关玩具品牌的资料,可以事先在互联网上查阅,做到购买时心中有数。

(4) **选购玩具时,要注意玩具中是否存在安全隐患。**有报道指出,中国消费者协会对外公布了49家企业生产的100款玩具中存在的六大类安全隐患。这六大类安全隐患是:零件太小,易被误食;绳子太长,易致勒伤;形状太怪,易卡咽喉;孔隙太窄,易夹手指;子弹太差,易伤人眼;警示太少,易致伤害。孩子的安全无小事。孩子在玩耍时,家长不可能寸步不离,这就导致经常会有孩子在玩玩具时受到伤害。有的孩子误食玩具零件;有的孩子把玩具中的小零件塞到了鼻子、耳朵里;有的孩子被玩具上的长绳绊倒;还有的孩子被玩具射出的子弹等物品击伤……针对以上安全隐患,在给孩子选购玩具时要注意,玩具的零部件越少、越大越好,包括毛绒玩具的眼睛等,都要尽量选择尺寸大一些的;要检查玩具零件是否完整、结实,这样才能防止孩子误食;在选购带绳的玩具时,最好先用手横向捋捋绳子,要选择光滑没有毛刺的,以防止绳子扎伤孩子;另外,如果给孩子选购了带绳的拖拉玩具,最好让孩子在空旷的场所中玩耍,以防其他器械卡到绳子摔伤孩子。综上所述,家长们在给孩子选择玩具时,需要多留几个心眼,尽量避免所选的玩具存在安全隐患,以防玩具给孩子带来不必要的伤害。

(5) **选购玩具时注意孩子自身的能力发展水平。**很多年轻家长依然童心未泯或者功利心过强,他们在给孩子选购玩具时往往是出自自己的兴趣爱好,而不考虑孩子的能力水平。比如:有的家长为年龄较小的男孩子选择赛车、枪类玩具;有的家长望子成龙、望女成凤,过早地买来一些与孩子的智力水平不相当的玩具。其实,每种科学设计、正规厂家生产的玩具,都有其特定的适用对象。就说滑板车吧,孩子通常都很喜欢,但是它的轮

辘却大有文章，单辘辘的适合动作发展协调的大龄幼儿玩，双辘辘的适合初学的小龄幼儿玩；还有拼图，由2块到几百、几千块不等，那么，家长是否根据孩子的能力来选择所购拼图的块数呢？这些都是家长在选购玩具时需要考虑的问题。家长在选购玩具的过程中要注意观察孩子自身的能力，不要拔苗助长。

（6）选购玩具时不要过分满足孩子的兴趣。我们发现，个别的孩子会对某一类玩具过于执著，对别的玩具则丝毫不感兴趣，而家长也往往迎合孩子的喜好，尽给孩子买他喜欢的玩具。比如：有的孩子喜欢汽车，家人给他买的玩具全是汽车；有的小姑娘喜欢娃娃，各式各样的娃娃一大堆。其实，现在的玩具种类繁多，而不同的玩具可以锻炼孩子不同的能力：有的适用于户外锻炼孩子的体质，如扭扭车、滑板车、皮球等；有的适用于开发孩子的智力，如拼插玩具、积木、拼图、棋类等；还有的适用于发展孩子的社会性，如迷你小厨房、"娃娃家"、"小医生"等。因此，家长不能一味地满足孩子的喜好而使孩子的玩具材料单一，让孩子丧失了发展不同能力的机会。

总之，玩具选择适当可以成为孩子能力发展的催化剂，反之则会制约孩子各方面的发展。教师应指导家长为孩子选购合适的玩具，让玩具真正成为孩子眼中的"天使"。

（印萍）

82. 家长过度依赖教师的教育怎么办？

首先，应该肯定家长对教师的信任。其次，要分析原因，针对不同的原因要有不同的处理方法。家长之所以过度依赖教师可

能有以下两种原因:

(1) 家长自身能力或精力有限，认为自己不能很好地教育孩子。 对于这种情况，第一，教师要和家长进行积极的沟通，根据幼儿的特点向家长传授家庭育儿的有效方式和方法，并定期与家长交流方法实施后的效果和感受，肯定家长家庭教育的成效，帮助家长建立信心，同时给予更进一步的指导；第二，建议家长合理规划好自己的时间和精力，尽量多抽时间和孩子交流互动，这样做既可增强亲子间的感情，又能起到言传身教的作用。

(2) 认为把孩子送到幼儿园就是去接受教育的，因此教育孩子就应该是幼儿园的事。 对于这样的家长，教师要心平气和地与之进行沟通，帮助家长建立正确的教育理念，要让家长明白家庭教育的重要性，使家长懂得家庭教育在孩子成长过程中的作用是其他任何教育所无法替代的；家长是孩子成长的第一任教师，也是孩子最持久的教师，家长的教育观和言行直接影响着孩子的身心发展。因此，家长要勇于承担起教育孩子的责任，只有家长有效地参与教育孩子，才能使孩子真正健康地成长。

(胡贵平)

83. 如何扭转家长重知识，轻孩子能力、习惯培养的教育观念？

现在社会大环境下的升学压力、就业压力以及独生子女压力导致很多家长产生这样的认识：不能让孩子输在起跑线上。一些家长望子成龙、望女成凤心切，再加上缺乏对孩子身心特点的了解，因此出现过分注重孩子知识的获取，轻视孩子能力和习惯培养的问题。针对这

种问题,作为教师,我们有责任引导家长把眼光放长远,为孩子未来的成长打下良好的基础。

(1) **宣传沟通**。通过"家长园地"、家长讲座、家长会等宣传渠道积极向家长宣传科学育儿的理念,让家长懂得在幼儿期培养孩子良好的能力和习惯的重要性。

(2) **活动影响**。通过半日开放活动、亲子活动等定期向家长展示在科学教育观指导下的教育成果,让家长亲身感受孩子良好的习惯及各方面能力的提高所带来的变化。

(3) **榜样影响**。邀请那些因为在幼儿园能力、习惯培养得好而入小学后在学业上表现突出的孩子的家长现身说法,用事实证明孩子能力、习惯培养的成效。

(4) **引导家长要放平心态,切忌攀比**。教家长学会遵循孩子身心发展的规律和特点,善于发现孩子的优点和进步,用积极的态度面对孩子的成长。

总之,改变这种现象不是一朝一夕的事情,需要全社会、幼儿园和家长的共同努力。

(胡贵平)

84. 青年教师如何尽快地在家长面前树立起和老教师一样的威信?

老教师之所以能在家长面前树立起自己的威信,是基于他们自己深厚的教育功底、对幼儿无私的爱和强烈的责任感、对教育目标和内容的精准把握,以及对家长不卑不亢的态度。作为青年教师,要

想在家长面前也树立起自己的威信,需要做到以下几点:

(1) 提高自己的专业素养。 要加强学习勤练内功,努力提高自身的专业修养,尽快丰富教育教学经验,提高自己的专业化水平。

(2) 虚心向老教师学习。 要有意识地观察老教师是如何做家长工作的,先模仿,然后逐渐加入自己的理解和自己的方法。

(3) 大胆地与家长进行沟通和交流,在实践中增长经验和才干。 首先,在向家长反映孩子的问题前,要梳理一下自己的思路,想清楚要怎样说、家长听了会有什么样的反应以及自己应该怎样应对等。如果拿捏不准,可以和班上经验丰富的教师商量,征求他的意见。其次,反映问题时,态度要诚恳,要做到客观公正,不带个人情绪。交流、沟通应该是双向的,教师要注意多倾听家长的意见,并给予足够的理解和宽容。对一些态度极端的家长,教师应该保持开放、平和的态度,并有接受一些尖锐意见的思想准备,做到"有则改之,无则加勉"。

(4) 充满自信,积极提供教育孩子的合理化建议。 为家长提供有针对性且有效的教育方法对于某些青年教师来说可能会有些困难。他们心存顾虑,担心自己年轻没有经验,说不好。其实,大可不必。毕竟,我们是学过幼儿教育的专业教师,应对自己有足够的信心。其次,平时自己要注意收集家长比较关注的问题并加以研究,在与家长交流时可以把自己积累的或是了解到的相关经验介绍给家长,供他们参考。再次,对于自己也难以处理的问题,要坦诚相告,切忌为了面子不懂装懂,或是主观妄下结论。可以和家长互相交换意见或是提一些开放性的问题,共同商讨教育对策。

总之,只要青年教师抱着虚心诚恳的态度,热情、积极、主动地与家长进行交流,一定会赢得家长的信任并很快在家长面前树立起威信的。

(胡贵平)

85. 怎样调动家长参与幼儿园各项活动的积极性？

家庭教育是学前教育的重要组成部分，家长是孩子的第一任教师。在现实工作中，在参与幼儿园活动方面，我们基本上会遇到四类家长：

(1) 积极参与型家长。 这类家长对孩子在幼儿园的生活非常关心，会主动与教师交流孩子的最新发展情况，愿意配合教师的工作，知道家园共育会更好地促进孩子的发展。

(2) 放心撒手型家长。 这类家长认为，孩子既然已经上了幼儿园，教育问题就交给老师了，自己可以撒手不管了，相信老师会帮自己带好孩子的。于是，他们忙于自己的事业，不太关心和参与幼儿园的活动，接送孩子的任务也交给了老人。

(3) 茫然无措型家长。 这类家长很想参与幼儿园的活动，想了解孩子在幼儿园的发展情况，但是却不知道怎样参与。

(4) 谨慎担心型家长。 这类家长具备一定的育儿知识，对孩子的教育有自己的想法，很想参与班级的各项活动，但是每天看到教师忙碌地工作，又怕给老师添麻烦，怕老师会不喜欢与自己交流。

《幼儿园教育指导纲要(试行)》指出，家庭是幼儿园重要的合作伙伴。幼儿园应本着尊重、平等、合作的原则，争取家长的理解、支持和主动参与，并积极支持、帮助家长提高教育能力。因此，调动家长参与幼儿园各项活动的积极性，也是提高幼儿教育工作质量的重要途径。那么，如何调动家长的积极性，使其能够参与幼儿园的各项活动呢？针对这一问题，我们可以从以下几个方面入手：

(1) 明确理念，找准定位，激发兴趣。 教师要注重通过多种方式加强与家长的沟通,向家长表明参与幼儿园活动的重要性,了解家长的需要,向家长宣传幼儿园的教育理念,让家长感受到教师是他们的合作伙伴,能够帮助他们提高家庭教育的能力;他们也是重要的教育资源,在幼儿教育中要发挥自己的积极作用,同时也可以在参与幼儿园的活动中获得科学的育儿经验。

(2) **明确目标,精心设计,注重实效**。考虑到幼儿发展的需要,教师要在了解家长的基础上设计好每一次家园之间的互动活动,解决家长的实际问题。比如:在开展"小班幼儿入园适应问题"的家园互动活动中,教师可以通过家长会、亲子适应游戏,让家长在参与的过程中体会幼儿园的教育理念、教育目标、教育方法,学会正确对待孩子刚入园时出现的焦虑情绪。要让家长感受到由于有了自己的积极参与和配合,孩子很快适应了幼儿园的生活。

(3) **拓展思维,换位思考,双向反思**。调动家长的主动性、积极性,需要教师了解家长、理解家长、能够站在家长的角度上去思考问题,不断从教师和家长两方面进行反思,拓展自己的思维,然后以不同的方式解决不同家长的问题。比如:对于上面提到的后三类家长,教师要以不同的方式帮助他们转变观念,提高他们对家庭教育的重视程度,调动他们参与幼儿园活动的积极性。对于放心型家长,教师要让他们感受到有了家长的积极参与,孩子的发展会更加健康、快乐;对于茫然型的家长,教师要引导他们明确每次参与活动的目的、方法,在参与的过程中,了解幼儿园、理解孩子,感受自己参与的意义;对于谨慎型的家长,教师要主动与他们交流,沟通情感,建立信任,让家长感受到教师是非常喜欢与他们沟通的,也非常想了解他们的想法,并乐于接受他们的意见和建议。当家长感受到教师与他们是平等的关系后,他们就会消除顾虑,向教师敞开心扉。

总之,要调动家长参与幼儿园活动的积极性,使家长真正成为有效的教育资源，成为教师得力的合作伙伴，教师的思维、态度和做法是关键。

（李奕）

86. 怎样吸引男性家长参与幼儿园组织的家长会、亲子活动等？

受到"男主外，女主内"传统思想的影响，在家庭中照顾、教育子女的工作更多地是由家庭中的女性角色承担。

孩子整天在周围都是女性的环境中生活：妈妈、姥姥、奶奶、老师（绝大多数幼儿教师都是女性），会让他们变得心思细腻，性格柔弱，缺乏闯劲和勇敢精神。母亲的天性和老年人的隔辈疼爱，促使大人过多地帮助孩子完成他们力所能及的事情，代替孩子做决定，导致孩子缺乏独立生活和决断事情的能力，尤其是男孩子，可能因此变得缺乏主见，性格怯懦，做事情畏手畏脚，没有担当能力。

基于以上原因，爸爸分担教养子女的工作、参与幼儿园的亲子活动和其他教育活动，是非常必要的。那么，如何吸引爸爸们来参与幼儿园的活动呢？

(1) 要让爸爸们认识到自己在教养子女问题上的重要作用。爸爸经常和孩子在一起，有利于培养孩子形成坚强、勇敢、独立的性格，增强和孩子之间的感情。一家人在一起活动，还可以相互照顾，感受家庭的温暖；爸爸们还可以承担一些重体力工作，展示男人的力量。

(2) 幼儿园的教育活动在环节设计上，要有男性参与的任务。幼儿园要多开展户外体育活动。比如在运动会上，设计家长的拔河比赛，开展"骑大马"、"抱着跑"等体力游戏。在这个时候，妈妈们自然会把游戏权交给爸爸们,而爸爸们也会因为"这个必须我参加"的心理而踊跃报名。

当然,这些活动安排一定要提前告知家长,才能激发他们的参与热情。

◆在活动通知中明确标注"需要爸爸妈妈共同参加",给他们分配不同任务。这样,爸爸们会尽量安排时间参加活动的。

◆活动时间可以安排在周末。家长平时工作很忙,请假参加幼儿园的活动确实不方便,因此,只能辛苦教师,把此类活动安排在周末。其实,很多爸爸还是很希望和孩子一起参加活动的。

(胡走)

87. 如何帮助三代甚至四代同堂的家庭解决教育观念、方法不一致的问题?

在幼儿园里,教师会经常遇到幼儿父母和祖父母之间在教育孩子问题上由于教育观念、方法不一致,导致相互抱怨,甚至相互指责的现象。比如:老人给孩子穿衣服比较多,年轻人认为这样孩子爱生病,要少穿;老人对孩子比较娇惯,年轻人要求比较严格。这时,教师往往成为了他们倾诉的对象,又好像成了他们在教育孩子问题上的裁判。那么,作为教师,我们应该怎样解决这些问题呢?

(1) **要找准自己的角色定位,一定不要介入家庭矛盾。**作为教师,我们看到的只是比较表面的现象,听到的是他们各自的理由。家庭成员之间的亲情关系到底是怎样的,这些问题的根源到底在哪里,教师往往并不清楚。因此,教师不能成为两代家长的裁判,教师要承担的角色是倾听者和引导者。

◆教师首先是一个倾听者,要站在一个幼儿教师、一个旁观者的角度,

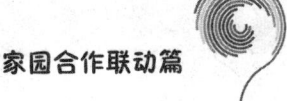

通过倾听了解在不和谐的家庭氛围中，幼小的孩子会有怎样的感受，思考一下这对孩子当前和未来身心的发展可能会造成什么不良的影响，幼儿在日常的生活游戏中表现怎样、有没有受到影响等。

◆之后，教师要作为一名引导者，引导家长学会换位思考，从对方和孩子的角度去思考问题、解决问题；引导家长树立正确的儿童观、教育观，用正确的教育理念去解决问题。

(2) 要通过与家长交流，让家长认识到家庭教育观念不一致对孩子的不良影响。从幼儿的年龄特点帮助家长分析，不统一的教育方式和观念会让孩子失去心理上的稳定感和安全感，会让孩子为了获得安全感失去自我、讨好成人，孩子会感到无所适从，因为他们还没有形成自己正确的判断能力，无法判断成人之间的对与错。长此以往，孩子会在性格上形成依赖性强、情绪波动大、不大合群、胆怯等个性特征；在不同的环境和不同的家人面前，有不同的表现和行为，比如在爸爸妈妈面前过于乖巧，在爷爷奶奶面前放纵任性成为"小霸王"，进而使孩子形成双重人格，总是看别人的脸色做出自己的行为表现，这样不仅影响他们今后的社会性发展，也不利于形成健康的社会性人格品质。因此，为了孩子的健康发展，统一教育方法是关键。

(3) 要引导家长树立正确的教育观念，提高育儿能力，统一教育方法，这样才能使幼儿健康成长，同时促进家庭和谐。

◆首先，引导家长认识到幼儿是一个独立的个体，有自己的身心发展特点和规律，但是，他们又缺乏生活经验，处在快速成长时期，需要在生理和心理上得到家庭成员的呵护。呵护不是溺爱与放纵，也不是违背其身心发展的"严格要求"。

◆其次，教师要引导家长学会了解孩子的需要，会站在孩子的角度思考、解决孩子教育上存在的问题。为了共同的目标，家庭成员要学会冷静思考、相互理解、相互支持、相互信任，统一观念与方法，相互维护家长在孩子心目中的形象,为孩子营造一个和谐的家庭氛围。理智的爱,才是真爱。

(李奕)

88. 孩子只爱看电视怎么办?

随着科技的发展和人们生活水平的逐步提高,电视充斥了我们的生活,家里、汽车上、商场里、大街上,到处都能够看到电视。因为电视生动的影像、斑斓的色彩满足了幼儿的视觉需要,再加上现在的孩子缺少同龄玩伴,家长又没有时间陪伴他们,于是,电视成了孩子们的"好朋友"。大多数孩子都喜欢看电视,而且一看就是很长时间。而家长呢,往往在对待孩子看电视的问题上很矛盾:让孩子看吧,肯定有危害;不让看吧,孩子就会不高兴,缠着家长,家长又没有时间和孩子一起游戏。因此,看电视的问题就经常成为家长与孩子发生矛盾冲突的引爆点。怎样才能让孩子从电视机前走开、如何科学安排孩子看电视的时间,成为家长经常与教师探讨的问题。建议教师指导家长尝试以下方法:

(1) 通过亲子交流,家长和孩子共同制定家庭看电视的规则。家长可以邀请孩子一起制定看电视的规则,比如每天看多长时间电视、什么时间段谁看电视、看什么内容的节目等。还可以让孩子通过绘画的方式把共同制定的规则记录下来,家长要和孩子一起遵守。家长是孩子的榜样,家长要以身作则,调整好自己看电视的时间,遵守规则,为孩子做出表率。对自己和孩子不遵守规则的行为要做出适当的惩罚。相信持之以恒,孩子就会养成看电视的良好习惯。

(2) 开展丰富的家庭亲子活动。家长可以通过有趣的家庭亲子活动丰

富孩子的生活，转移孩子的注意力，让孩子获得快乐和满足。比如亲子阅读，既让孩子感受到亲情的温暖，又培养了孩子阅读的兴趣和习惯；亲子手工活动能培养孩子的动手能力和创造力；亲子户外活动可以让孩子感受到大自然的美好，培养孩子的观察能力，同时也提高孩子对气候的适应能力，增强他们的体魄，提高他们的抗病能力，同时，家长也为自己创造了锻炼身体的机会，何乐而不为呢？

(3) **为孩子创设与同伴共同游戏的机会和条件。**建议家长与孩子同班的小朋友的家长或邻居小朋友的家长沟通，为孩子创设共同游戏的条件。比如邀请这些小朋友到自己家来玩儿，或者轮流到在小朋友家游戏，这既满足了孩子游戏的需要，又培养了孩子的社会交往能力，同时，也为家长之间交流教育经验搭建了平台。此外，家长牵头组织几个家庭的亲子外出旅游也是一个非常好的方法，可以帮助孩子在旅游的过程中学会交往、关爱他人和克服困难，共同成长。很多时候，儿时的朋友会是我们一生的挚友。

总之，让孩子离开电视的方法有很多，只要教师和家长开动脑筋，学会站在孩子健康成长的角度上，给孩子带来更多的丰富多彩的生活，孩子就会离开电视，享受他们的美好童年。

(李奕)

89. 如何与不同个性的家长进行沟通？

在和家长打交道的过程中，我们发现：家长的个性多种多样，要想做好他们的工作，也是需要一定的技巧的。

和家长沟通时最好先从表扬孩子开始。几乎每个家长都会认为，自己的孩子是最好的。因此,肯定孩子,是让家长接受教师的第一步。当家长对教师的交流没有抵触情绪时,他才容易接受教师的意见。在沟通时,对于不同个性的家长,教师要采取不同的沟通策略。

(1) 易焦虑的家长。 对于这类家长,首先,教师要耐心地倾听他们的诉说,了解他们究竟为什么事焦虑,然后,结合孩子在幼儿园的表现来消除他们的焦虑,在以后的交流中要主动针对他们的焦虑点多让他们了解孩子的情况。

(2) 内向、不善于主动沟通的家长。 对于这类家长,教师一定要采取热情、主动的态度对待他们,千万不要因为家长不主动而放弃和他们沟通。

(3) 爱提各种要求和意见的家长。 对于这类家长,教师首先不能觉得麻烦。也许,他们的各种要求和意见会对我们的工作有所帮助呢。当然,家长的要求和意见中有合理的,可能也有不合理的,对于合理的意见,教师要虚心接受,并对他们表示感谢;对于不合理的意见,教师要耐心地向他们解释。

(4) 爱狡辩、比较强势的家长。 对于这类家长,教师首先要提升自己的专业水平和理论素养。当教师能够针对孩子的教育问题提出有建设性的意见,并能进行有理有据的分析时,强势和爱狡辩的家长也会心服口服。

总之,不管对待什么样的家长,只要我们的出发点是为了孩子好,我们的关心与爱护能够让家长感知到,交流起来就会顺畅许多。

(杨东红)

90. 如何与不同年龄层次的家长进行沟通?

要想教育好孩子,幼儿园要与家庭形成教育合力。教师作为专业人员,要主动与家长沟通,尽量使得沟通及时有效。在与家长交流沟通的过程中,面对不同年龄层次的家长,教师要采取不同的沟通技巧,以达到指导家长科学育儿,促进幼儿健康成长的目的。

现在的孩子通常在家庭中既有父母的陪伴,又有祖父母的呵护。不同年龄层次的家长在教育期待、教育观念、教育意识等方面有着显著的差异。一般情况下,老年家长更多地关心孩子的生活:吃得怎么样,老师对孩子态度好不好,孩子是不是能够得到更多关照;而年轻家长大多数期待孩子在幼儿园过得很快乐,能够学到更多的东西。

(1) 对于年龄大的家长,教师要做到:"一倾听,二重复,三商量,四建议"。 首先,教师要表现出对长辈的尊重,他们可能说话比较啰嗦,总怕教师听不懂,因此教师要先耐心倾听,听完后尽量详细地重复家长的话。然后,以商量的口吻提出自己对问题的看法,最后给出建议。比如,在这类家长说完后,你可以说:"您是说您的孩子不爱吃胡萝卜,在家里都是把胡萝卜挑出来不吃,对吧?"在家长表示认同后,再说:"小家伙真有意思,不吃胡萝卜的孩子很多呢。"这两句话过后,家长怕教师不认同的担心就消除了。接着,你再说:"孩子正是长身体的时候,胡萝卜的营养可不能缺少啊,咱们慢慢来,您看呢?"如果感觉到家长认同你的话,就再提建议:"我们有很多游戏的方法。比如让孩子闭眼猜猜吃到的是什么菜,孩子一玩就忘了不吃的事情,慢慢地就把挑食的毛病改掉了。不过,这件事要慢慢来,不能急。此外,咱们大人在孩子面前一定要以身作则,让孩子看到爷爷奶奶和老师无论什么蔬菜都爱吃。咱们先试试这个方法好吗？不行，咱们再商量别的方法……"这样的交流方式，年龄大的家长比较容易接受。

此外，对于年龄大的家长，我们还可以请他们观看孩子的活动录像并做出分析，逐步转变他们的观念。

（2）对于年轻的家长，要让他们感受到教师对孩子的爱，再就事论事，开诚布公地交谈。 首先，要让家长感受到教师把他们的孩子也当成自己的孩子，当着孩子和别的家长的面总是表扬他们的孩子，如果有问题也是在没有人的时候小声交流。随后，教师可以采用就事论事的方式，谈谈孩子的表现，从他的孩子和其他孩子的行为对比中，让家长感受到孩子存在的问题，直接提出家长应该如何配合。第二天再与家长聊聊方法实施后的效果，并提出新的建议。对于文化层次相对较高的家长，教师还可以和他们探讨一些专业的问题，如"内向的孩子怎么办"、"孩子没有朋友怎么办"等，向他们征求建议。

此外，对于年轻的家长，还可以建议他们订阅教育杂志，推荐给他们一些教育网站，或者开设班级的"博客圈"、"QQ 群"，定期和家长讨论问题。

但是，不管面对什么样的家长，在交流中教师都要注意以下几个问题：

◆不要以专家自居：总是以教育者的姿态出现，家长会反感；

◆不要用太多的专业术语：家长会认为教师看不起人，或者无法搭话；

◆不要只说不听：家长会怀疑你对他和孩子的重视程度不够；

◆不要急于求成：要求家长做得太多，家长会惧怕繁琐的亲子活动；

◆不要参与家庭矛盾：参与孩子家庭中的教育纠纷，会陷入困扰，得不偿失。

总之，家园共育需要教师和家长平等对话、真诚沟通、相互扶植、共同配合，这样才能达到教育的效果。

(刘洪霞)

91. 家长不信任教师怎么办？

(1) 要首先反思我们自己的工作。 教师首先要反思，是否由于自己的行为、语言、表情、态度等造成了家长的不信任。如果是，一定要及时地调整并和家长进行沟通交流，消除误解。

比如每个孩子的个性都不一样，教师对待孩子的态度也不尽相同，尤其是对爱哭、入园适应难的孩子会多一些关心、照顾和鼓励，这就容易让家长产生教师厚此薄彼的想法，进而对教师产生误解。如果发现了这样的情况，教师一定要和家长们进行沟通，使他们理解教师的做法。同时，也要调整自己的工作方式，让每个孩子都能感受到教师的爱和鼓励。

(2) 再从家长自身方面找原因。 有的家长对孩子的事情过于担心，容易对教师产生不信任。这时，教师就要通过自己的实际工作消除家长的不信任。比如：有的家长担心老师照顾不到自己的孩子，那么，教师就要充分表现出对孩子的关心，甚至比家长还周到，家长就会逐步建立起对教师的信任感。

(3) 消除家长不信任的很重要的一个桥梁就是孩子。 当孩子喜欢老师、信任老师时，家长对教师的信任值也会相应地增加。比如：刚刚入园的幼儿的家长因为不了解教师和幼儿园，不信任感是最强烈的，这时，孩子哭闹的现象也最多。教师在这个阶段给予孩子呵护、照顾，带着孩子游戏，引导孩子进行自我服务等，使孩子和教师建立起亲密的关系。当家长看到孩子由哭闹着入园，到高高兴兴地入园时；由躲在妈妈怀里不肯进班，到蹦蹦跳跳扑进老师的怀抱时；当听到孩子说喜欢某某老师时，家长对教师的信任感很自然地就建立起来了。

(杨东红)

92. 面对家长在家里负面诱导孩子的行为，教师应该怎样做？

家长基于对孩子在幼儿园生活的担心，有时候回家后会问孩子一些诸如"哪个老师不喜欢你"、"哪个小朋友欺负你了"之类的诱导性问题。有时是根本没有的事情，孩子却说有，结果家长就当真了，进而找老师"理论"。

遇到这样的情况，每个教师都会觉得很棘手。但是，只要理解家长这样做的"苦心"，事情就不难解决了。这种情况通常发生在幼儿入园初期，家长之所以会这样问孩子，主要是因为焦虑和担心。

送孩子入园时，孩子哭闹不停，会让家长一整天都不踏实，担心自己的孩子会被欺负、老师没有关注到他……担了一天的心，在接孩子回家后就免不了问上述提到的问题，想从孩子的嘴里了解情况。尤其是看到孩子情绪低落，感受到孩子焦虑不安，听孩子念叨"我不上幼儿园"时，更难免会想到：孩子是不是在幼儿园被欺负了？老师是不是不喜欢孩子……作为孩子最亲近的人，家长当然就会在第一时间向孩子验证。

家长不是教育专家，不知道3—4岁的孩子会受到家长的语言暗示，在回答以"是不是"结尾的问题时，都会回答"是"；家长也不知道在他的追问下，孩子总会说一个他能记住的教师的名字；家长也不会知道，他的做法会让孩子把现实和想象混淆……

其实，家长想要的，就是自己的孩子好，教师对自己的孩子好。理解了家长的这种心理，面对家长的"理论"，工作就好开展了。

首先，要安抚住家长的情绪，让他了解，他的"理论"会让孩子感到他是在和老师打架，会让孩子不安；或者把情绪激动的家长请到会议室，单独谈话。等家长的情绪稳定了，可以向家长讲述幼儿在园的情况，也可以直接询问幼儿诸如"你昨天是不是和小朋友一起玩球，可开心了，对不对"、"某某老师还抱你，给你讲故事了，对不对"等引发幼儿美好回忆的问题，让幼儿自己来讲述。实在不行，借助其他班教师对该幼儿在园的情况进行描述，家长也会接受的。待家长真正能和教师平心静气谈话的时候，教师可以跟家长聊聊这个年龄段孩子的发展特点、缓解分离焦虑的方法以及家长心态自我调整的方法。

其实，"补牢"最好在"亡羊"之前。

(1) 召开家长会。开学之初，召开家长会，把分离焦虑的"预防针"打在前面：向家长介绍孩子可能出现的种种情况、缓解幼儿焦虑的方法以及调整他们自己心态的方法。尤其是要结合过往经验的实例，指导家长从正面引导幼儿回忆幼儿园里快乐的事情。这样既调节了会议气氛，又让家长感到信服。

(2) 在幼儿入园前进行家访。在幼儿入园前开展家访工作，是在与幼儿和家长进行前期的沟通。这样既让幼儿认识了教师，觉得老师和爸爸妈妈是朋友，又和家长有了近距离接触，让家长对教师有了一定的了解，安抚了家长的情绪。家长觉得教师用心，就会对孩子入园后的情况放心。

(3) 向亲子班教师了解幼儿的情况。大多数幼儿在入园前都会上本园的亲子班，和亲子班的教师有一年的接触。因此，在开学前，教师可以提前向亲子班教师了解幼儿的情况。在开学后，有针对性地每天观察幼儿，及时把幼儿的在园情况反馈给家长。沟通工作做在前面，这样，家长先入为主的就是及时的、正面的信息，而不是无端的猜测。

(4) 及时向家长反馈孩子在园的情况。现在是一个信息传递十分便捷的社会，记录信息的工具也很多：摄像机、照相机、短信、飞信、互联网……教师可以及时拍摄幼儿在园的照片、视频，发在幼儿园的班级网站上，或晚上孩子离园时直接给家长看。家长会认为老师关注自己的孩子，会觉得很放心。

在照片、视频的记录中，家长看到孩子从第一天入园时的哭多笑少，到后面的笑多哭少，再到不但不哭还会和老师做游戏后，会无比放心，会坚定地信任教师。这样，家长即使还有焦虑的情绪，也不会轻易诱导孩子，不会找教师"理论"。

家长工作也是一门学问。如果教师能抓住家长的心理，学会换位思考，理解他们的苦心，把工作做在事前、做细致，我想，家长也会理解教师，并给予教师信任和支持的。

(胡杰)

93. 幼儿家长因孩子间的纠纷发生争执或者吓唬对方的孩子，教师该怎么办？

"我就没见过你这么不讲理的家长！"
"你的孩子推人，你还有理了？！"
"就是推了，也轮不到你来教育我的孩子！"
"没人管，我就得管了！"
……

上述是两位家长的对话，彼时他们正站在幼儿园的操场上吵得不可开

交。其实事情并不复杂:

接园后,两个小孩在操场上玩扭扭车,因为争先后的问题,小男孩推了小女孩一下。被推倒坐在地上的小女孩大声哭了。小女孩的妈妈闻声赶来,说了小男孩几句:"你怎么推人呀?推小朋友是不对的!"可能是这位妈妈看见自己的孩子摔倒了哇哇大哭,很心疼,说话时表情很严肃,语气重了一点,结果小男孩也吓得哇哇大哭起来。

这时,小男孩的爸爸走过来,看见自己的孩子哭了,脸上有点挂不住,就说:"不就是被推了一下吗?!小孩子之间打打闹闹是很正常的,用得着这么在意吗?!"

小女孩的妈妈本来就觉得自己的孩子受了欺负很委屈,结果对方家长非但不道歉,还这么理直气壮,就说:"那我推你的孩子一下行吗?什么叫'就推一下'呀!"两位家长就这样争执起来。

现在的孩子几乎都是独生子女,父母平时娇惯惯了,见不得孩子受半点委屈。而学前阶段的孩子的自控力、社会交往能力相对比较差,小朋友间时常发生争执、推搡的行为。家长见了难免心疼,稍不注意控制情绪,彼此间就很容易吵起来。面对这种情况,教师应该怎么做呢?

(1) **劝家长停止争吵。**教师首先要劝住两位家长:"有什么情况,咱们去会议室说,或者去教室里。在这里争吵多不好呀!"然后,把他们引到安静的房间里,了解情况;同时,请一位教师帮忙把孩子带到游戏区,代为照看一下孩子。

(2) **梳理家长的情绪,指导家长学会正确处理孩子间的纠纷。**具体做法如下:

◆孩子间发生纠纷是常有的事,比如因为喜欢同一个娃娃、都想第一个上滑梯等。家长应该体谅孩子。教师和家长是幼儿行为的观察者和引导者。如果孩子间发生小的纠纷,如推搡等行为,不要急于干涉,要给孩子一个自己解决问题的机会。如果发现纠纷升级，再给幼儿以及时的指导。很多时候，当家长还在面红耳赤、大动干戈的时候，孩子可能已经和好如初了。

◆作为家长，无论自己孩子的"不友好"行为是大是小，都应该给幼儿以正确的引导，让他学会与他人友好地相处，并向对方表示真诚的歉意。家长要让孩子懂得：面对强者不示弱，面对弱者不欺凌。受到"攻击"的幼儿的家长也不要急于替自己的孩子出头，要教孩子学会面对挫折、学会处理这类事情。

（胡杰）

94. 怎样打消新生家长担心自己的孩子不适应幼儿园的顾虑？

经常带新生班的教师会发现，不仅新入园的孩子会产生分离焦虑，就连新生的家长也会有焦虑情绪。有些家长甚至在孩子入园之前，就已经开始担心自己的孩子不适应幼儿园的集体生活，他们脑中会有一系列的疑问：孩子会不会整日都在哭闹？有需求能不能和老师说？被小朋友欺负了怎么办？自己吃饭吃得饱吗？老师能不能喂喂孩子……诸如此类的问题困扰着家长。怎样打消家长的心理顾虑呢？如何指导家长在孩子入园前做好准备呢？这些是教师和家长共同关心的话题。

根据以往的经验，导致家长担心孩子不适应幼儿园生活的因素有这么几个：孩子的自理能力比较差，在家可以依赖成人的帮助，而在幼儿园却要学习自立，会不适应；孩子离开熟悉的环境会有焦虑情绪，哭闹不停；教师对孩子不了解，不能满足孩子的需求；孩子对教师有陌生感，不喜欢上幼儿园。

针对这些问题，我在工作中归纳出了几招应对新生家长焦虑的小窍门与各位教师一起分享。

(1) 在新生入园前进行家访。 在新生入园前进行家访工作，是减轻家长心理顾虑的有效方法之一。

第一，家长提前知道了自己的孩子将要和哪位教师在一起生活、学习，而孩子和教师之间的陌生感也由于家访被消除许多，这为孩子入园奠定了一定的基础。

第二，可以利用家访详细了解幼儿的家庭教育情况，指导家长科学地进行家庭教育。

第三，详细地将入园所需告知家长，让家长提前为幼儿入园做好各项准备工作，指导家长有计划、有目的地配合教师做好新生入园工作。

(2) 入园前开展幼儿园半日开放活动。 教师还可在孩子入园前开展半日开放活动，其目的在于让家长提前看到孩子即将进入的班级的环境，与孩子一同适应新环境，亲眼看到孩子在幼儿园学习生活的一些表现，进而打消心中的担心和顾虑。

(3) 指导家长提前帮孩子做好入园的心理准备。 孩子入园时如果没有分离焦虑，没有哭闹不安，家长的焦虑情绪就会减轻很多。

第一，家长要让孩子相信自己正在受到关注。当孩子得到他人的注意和鼓励时，他们会很激动、很兴奋；感受到被爱的孩子将会变得更加自信。让家长告诉孩子："你长大了，就要上幼儿园了，那里的小伙伴和老师一定会很喜欢你。"

第二，让孩子对幼儿园的生活充满期待。家长应以积极、乐观的态度引导孩子，让孩子对幼儿园的生活充满期待。如果家长经常以威胁的口吻对孩子说："上了幼儿园让老师好好说说你"、"不听话我就送你上幼儿园"、"你再淘气我就给你整托！"这样一来，孩子还能爱上幼儿园吗？如果换一种口气,告诉孩子:"马上就要上幼儿园了,老师会有很多的新游戏、新本领要教给你,小伙伴们也有很多新奇的事情等待和你分享……"孩子肯定会对幼儿园的生活充满了向往。

第三,给孩子树立榜样。孩子爱模仿,家长可以选择孩子喜欢的动画片中的某一个人物形象,创编一个"××高高兴兴上幼儿园"的故事。

第四,鼓励家长带领孩子与老师、小伙伴提前见面。事实证明,假期里如能带孩子提前到幼儿园里和老师、小朋友们打个招呼,和同伴相约玩耍,会大大缓解幼儿的焦虑情绪,也能减轻家长的担心和顾虑。

(4) 指导家长提前帮孩子做好入园的能力准备。家长要培养孩子的动手能力。毫无疑问,由于家长的包办代替使孩子变得更加依赖成人的照顾。衣来伸手、饭来张口的生活,使家长担心孩子上幼儿园后会不适应。小孩子的确需要家长的照看,但他们更需要学会自己做事情,如穿衣服、收拾玩具等,这样才能培养独立生活的能力,适应集体、培养自信。

(5) 指导家长提前帮孩子做好入园的物质准备。缓解家长焦虑的又一途径是指导家长协助教师给孩子做好入园的物质准备。教师要引导家长考虑一下:自己给孩子穿的衣服是否适合在幼儿园穿;确认孩子的口袋里是否没有异物;托、小班孩子的书包里是否装上了换洗的衣服,大班孩子是否带好了自己的学习用具等。这些事情看似琐碎,但是不准备的话会给孩子入园带来很多不便,因此需要家长特别关注。还有就是要提示家长给焦虑感比较严重和安全感缺失的孩子带上一件依恋物,以帮助孩子缓解焦虑和不安。

总之,幼儿园里的小朋友多、游戏多、快乐多……为了让家长摆脱顾虑、科学地帮助孩子适应幼儿园的集体生活,教师要引导家长做个有心人,帮助孩子调整作息时间与幼儿园同步,锻炼孩子的自理能力,让孩子对上幼儿园充满幻想和期待。

(印萍)

95. 孩子之间出现抓伤、咬伤等问题时，应该如何与家长沟通？

学前阶段的幼儿，其语言表达能力发展还不完善，行动思维占主导地位。因此，他们常常用动作来表达自己，也就会经常出现幼儿间的抓、打、咬、推等现象。因此，在孩子入园时，教师首先要向家长介绍孩子的这一发展特点，使家长对这类问题的出现有所准备。家长从认识上接受了，再出现这类问题的时候就会多一分理解和谅解。其次，在幼儿入园之前，还要请家长教给孩子一些自我保护的方法，比如："当别人打你时，你可以用胳膊挡一下；当别人咬你时，你可以使劲把对方推开；当别人抢你东西时，你可以大声叫出来或者使劲拍桌子。"针对低年龄的孩子，家长可以用一些行为练习的方法，让孩子学会自我保护。

如果发生了幼儿间的抓咬问题，教师可以采取以下几个步骤解决。

(1) 及时处理受伤害的孩子的问题。 需要去医院的及时送去医院；不需要送去医院的由医务室的保健医生查看处理；不需要保健医生处理的，教师也要先关心孩子的"伤情"，让孩子体会到教师的关心与疼爱。

(2) 安抚受伤孩子的家长。 首先，向家长介绍孩子的受伤程度以及伤情处理的情况。其次，向家长介绍事情发生的经过，越详细越好。如果教师确实没有亲眼看见，可以根据事情发生前后的情景进行描述，让家长能够感受到教师没有放任孩子的活动。另外，也要向家长介绍事情的处理情况，比如让打人的小朋友道歉，教师批评打人的做法等，以平复家长的情绪。最后，要再次向家长介绍这个年龄段的幼儿以行动思维为主的特点，使家长能够理解这种行为的发生。

(3) **做好攻击他人的孩子及其家长的工作。**首先,对幼儿的行为要给予充分的理解,因为孩子年龄小,还不能用正确的方法表达自己和处理矛盾,发生这样的事情是正常的。其次,要让其家长了解受伤孩子的情况,提示要对受伤害的孩子有所表示,比如代孩子道歉或者看望受伤的孩子。

另外,和家长沟通,随着孩子年龄的增长,要教给孩子和他人相处、用语言表达自己的方法,要教育孩子不用打、抓、咬人的方式处理问题。

如果受伤孩子的伤情比较严重,还要向双方家长介绍有关的法律规定。根据家长的想法,依照法律提出幼儿园的处理意见。

(杨东红)

96. 家长不愿意听教师说孩子的问题怎么办?

请先看以下两个案例:

案例1:

"宸宸今天在'娃娃家'的时候因为一个娃娃,打了其他小朋友……"

"老师,我们家宸宸从来不打人。"老师的话还没说完,宸宸的奶奶就抢着说。说完,老人家拉起孩子,满脸不高兴地走了。

案例2:

"洋洋妈妈,洋洋上课的时候有点坐不住,还影响别的小朋友……"还没等老师说完,洋洋妈妈就说:"唉,老师,您说的这个我知道,我们在外面上英语课,他也这样。那个老师跟我告状,说他坐不住,影响别人。老师,他再这样,您就使劲说他,不行就打……"然后,洋洋妈妈提了一下孩子的衣服,把孩子的身体转向自己,严厉地说:"听见没有,老师又给你告状呢。再坐不住就该打你了!"说完,她对老师嫣然一笑,说了句:"老师,给您

添麻烦了，我们先走了。"洋洋妈妈拉着孩子就走了，边走边从书包里拿出一袋吃的递到孩子手里……

案例1中的宸宸奶奶属于完全不能接受教师说的孩子"打人"的事实，强调孩子"从来不打人"。和这样的家长沟通，教师就不能直接说出幼儿的不足，而需要采用旁敲侧击的方式。比如，先向家长介绍一下孩子在园吃、喝、睡的情况，表扬一下孩子做得好的地方，然后再指出孩子的不足。

在指出孩子的不足时，也不要用"打人""淘气""欺负人"这样的词汇，这种负面的词汇会让家长产生抵触心理，给教师后面的工作开展带来很多阻碍。要知道，每个人在对待自己的亲属，尤其是对待子女的时候，大脑中的"批评区域"是关闭的，这是人类共有的特性。所以，类似事件，最好选用"描述"的方式告知家长：两个人都喜欢同一个玩具，谁也不肯放手，宸宸推了对方一下。在家长眼里，"推"不是"打"。

接着，教师再帮助家长分析孩子出现这类问题的原因，如孩子年龄小、不善于表达、缺少同伴交往经验等，并向家长介绍一些好的改善方法。比如：建议家长在家庭行为模式中，注意指导幼儿运用良好的交流方式和肢体语言。这样，家长既知道了幼儿的不适宜行为，又能接受教师的建议，从而更加信服教师的工作方式，也为以后的沟通奠定了良好的基础。

案例2中的家长貌似接受了教师提出的问题，但从其表现看，却并非如此。每个家长看自己的孩子都是十分优秀、十分完美的，那些小小的不足根本不影响孩子的"完美"，所以家长并不在意，不上心。

遇到这种情况，有以下几种沟通方法：

（1）**与孩子家庭中的其他成员沟通。** 每个孩子的背后都有一个强大的家长群。妈妈不接受教师的建议，教师可以和爸爸谈。亲人间的沟通总是比外来力量更容易。总之，教师可以和家庭中说话有分量又关注孩子教育的家长交流幼儿在园的情况。但要记住，教师的出发点是为了让幼儿更好

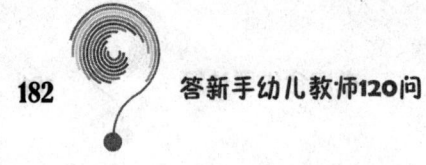

地成长,不是为了引发家庭矛盾。

(2) 请幼儿园比较有资质的教师与其沟通。本班教师和家长说孩子的问题说得多了,有时会让家长感到啰嗦和麻木。这时候,如果是主任、园长等幼儿园里资质高的教师,以旁观者的身份向家长介绍幼儿在园的情况,并提供建议和方法,会引起家长的重视。毕竟,领导不能总在班里呆着,每天巡班都能看见这个孩子在影响别人,那就确实是需要家长重视了。

(3) 教师要眼勤、嘴勤。幼儿每天在幼儿园的时间比在家长。在幼儿园,就全靠教师的提示与指导了。教师可以把自制力弱的幼儿安排在自制力强的幼儿身边;多提示,多指导;有进步时及时鼓励等。对待这样的孩子,教师要调整心态,不要求他们变得多么听话、优秀,只要做到把影响控制到最低就好。

其实,每个孩子都是一个天使,都会在不同的方面展现自己的优秀特质。也许这些在老师眼里不出众的特质,会使这些孩子在生活之路上逐渐展露光芒。

总之,在幼儿行为习惯出现问题的时候,教师需要与家长沟通,促使每个孩子改正自己的不足,建立自信,在幼儿园生活得快乐。

(胡杰)

97. 教师与家长的交流有一定的距离感应该怎么办?

我们经常听到青年教师反映:平时他们工作很努力,但总是把握不好怎么跟家长交流,总有距离感。看到班中老教师跟家长的关系很和谐,也模仿过他的方法。有时跟家长开句玩笑,有时关心一下家长,可距离还是没有拉近。不知道怎么办?

每位教师都有其自身魅力与独特的沟通方式,不需要刻意地去模仿老教师的方法。对于大多数家长来说,他们更相信年长一点的教师或是熟悉的教师,这是很自然的。年轻教师需要做好以下几点:

(1) 穿着得体、礼节周到热情。 现在大多是爷爷奶奶等老人接送孩子。教师穿着运动(阳光)一点可以给老人以亲切感。对待家长要使用礼貌用语,使家长明白你是一个很有道德修养的教师,为彼此间的交流奠定良好的基础。在交流幼儿的问题时,要注意维护家长的"面子",使家长体会到教师的良苦用心。

(2) 重视孩子。 每一个孩子对于我们教师来说只是三十几分之一,而对于家长来说却是百分之百,所以,在沟通时要让家长知道你对他的孩子特别重视。事前要充分了解该幼儿的性格特点、优点和缺点、家庭基本情况等,在与家长交流时,让他产生你对他的孩子特别了解和重视的感觉以及教师工作细致、认真负责的好印象,这样从情感上就更容易沟通。

(3) 认真倾听,给予家长诉说的机会。 工作中教师都会遇到比较"事儿"的家长,这可能是最令青年教师头疼的了。面对这类家长,要让他们明白他的意见对你很重要。谦虚诚恳、专心倾听,会让家长感到自己很受重视。同时,要表现出对家长心情的理解。

(4) 给予家长科学性的建议。 面对寻求帮助的家长,教师所提供的建议应具有科学性,同时又是容易理解的。没有把握的不要说,记不准确的不能说,要实事求是,不能言过其实,故作高深。要让家长觉得教师有一定的专业素养,但又不是卖弄。

(王兰)

专业能力发展篇

　　教师的专业能力和技能水平是教育目标实现的关键。本篇是初入职幼儿教师高起点起飞的阶梯，内容包括如何适应新单位、如何与领导和同事相处、如何提高实践能力、如何提高研究反思能力和教学活动水平及如何掌握游戏活动的设计组织与指导方法等。掌握了这些内容，幼儿教师也就实现了从新手教师到骨干教师的蜕变。

98. 幼儿教师应该具备哪些能力？

幼儿教师在进入工作岗位前需要经过专业的教育学、儿童心理学、教学法和弹、唱、讲、画技能的学习，真正步入工作岗位后还需要具备班级管理能力、人际沟通能力、教育实践能力、个人学习与提高能力等多种能力。具体说来，一名合格的幼儿教师需要具备以下能力：

（1）教育计划制订能力。 幼儿教师需要根据教育要求和幼儿的特点制订符合本班幼儿实际的、切实可行的工作计划。具体内容有学期计划、月计划、周计划和日计划。在日计划中，要对幼儿的生活活动、游戏活动、教学活动和户外体育活动做出精心的安排，并能够根据幼儿的需要及时调整活动内容。

（2）班级组织和管理能力。 班级管理的内容非常广泛，包括班级环境的创设、一日活动的指导、家长工作的组织，还包括节日活动、运动会、亲子活动、毕业典礼和随机大型活动的策划与组织。

幼儿教师要能根据幼儿园已有的一日生活安排，理清各项活动常规；面对几十个能力和性格各异的孩子能进行有目的、有计划的教育和引导，做到收放自如、动静交替，环节设置与过渡自然有序；组织的教育活动要能有效提升幼儿的能力和水平，游戏活动要能满足幼儿个性发展的需要，户外活动要能达到应有的活动量，使孩子们健康快乐地成长。

教育有法，但是教无定法。实施班级组织管理需要教师既有纪律又有自由，既有组织又有接纳，管而不死，活而不乱，给孩子留下集体成长与个性表现的空间。

(3) 行为观察和指导能力。了解孩子是教育孩子的前提,是教育活动设计、组织、管理的起点,同时伴随教育活动的全过程。因此,观察能力是教师专业发展的关键能力。

教师要能根据幼儿的年龄段发展特点对一日活动中的各个环节进行深入细致的观察。教师要有观察的意识,逐步锤炼观察能力,具备横向观察和纵向观察能力、整体观察和个别观察能力、计划观察和随机观察能力等。

观察到幼儿的行为表现以后,还要加以分析、判断,从外显行为分析幼儿的心理本质。这种观察后的分析能力,需要教师长期的实践积累。教师要养成随时记录的习惯,逐渐实现从量的积累到质的判断,进而正确地采取有效措施提升幼儿的发展水平,解决幼儿发展中的问题。

(4) 研究总结与自我反思的能力。教师是专业人员,需要不断总结经验、改进工作。教师要在入职初期客观地分析自身的优势和问题,确立自我发展的目标。在教育实践中要善于观察与思考,能够及时反思自己在教育实践中的问题,积累教育经验,并能大胆参与园本教研活动,勇于发表个人看法,汲取他人的教育经验,使自己成为反思型、研究型的教师。

(刘洪霞)

99. 在教育过程中,教师如何运用自身技能促进幼儿的成长?

幼儿期是人一生发展最为迅速的时期,更是关键期。幼儿教师对推动幼儿素质教育,促进每个幼儿在不同水平上的发展起着重要的作用。然而,幼儿教师要想胜任自己的工作,不仅应具有良好的有关学科的专业知识和技能,更应具有全面的教育技能。

(1) 要关注幼儿的发展,能为幼儿提供适宜的成长环境。有经验的教师能做到"心中有目标,眼中有孩子"。幼儿的发展与幼儿的年龄特点及学习规律是分不开的,教师要研究本班幼儿的年龄特点及目标要求,做到心中有数,才能把握时机,积极引导,将目标与幼儿的活动和游戏相结合,而不是被动地让幼儿接受教师的教育。比如《幼儿园教育指导纲要(试行)》对幼儿园大班科学领域的要求是:鼓励幼儿运用数学解决实际中的问题。教师心中明确了目标,就可以在对自然角的观察活动中,巧妙地引导幼儿统计花朵的数量;从每天的天气记录到月底的天气汇总,引导幼儿统计出当月晴、阴、风、雨等天数的总和。

(2) 要具有与幼儿共同成长,引领幼儿探究的能力。《幼儿园教育指导纲要(试行)》要求教师成为幼儿学习的支持者、合作者、引领者,使每个幼儿富有个性地发展。然而,在实践中,教师通常自以为经验丰富,忽视孩子们探索的过程,经常出现主观臆断的现象。比如:在种植活动中,教师为了引导幼儿体会阳光、土壤、水对植物生长的影响,于是,把同样的种子分别种在了不见光的暗盒中和有阳光的土壤中,让幼儿比较谁长得快。教师的猜想是阳光下的种子先发芽,因为万物生长靠太阳;孩子们猜测暗盒中的种子先发芽,结果在同等的条件下暗盒中的种子先发芽了。后来经过测试发现,暗盒里面的温度要高出常温5度。

(3) 要在实践中历练与家长的沟通技能。教师可以从以下两方面入手:

◆ "爱你就要告诉你。"教师要公平地对待每个幼儿,家长对教师的信任很大程度上来源于幼儿的反馈,经常听见家长问孩子"老师喜欢你吗?"所以教师要想赢得家长的信任,就要经常对孩子说"老师爱你"、"老师喜欢你",并努力让幼儿感受到老师的爱护。

◆ "热情张弛有度。"微笑着接待家长,会使家长感到温暖、贴心。尤其是对待那些不理解教师、提无理要求的家长,教师更要多一份耐心,多一份包容,努力发现孩子的优点,积极主动地向家长表扬孩子的点滴进步,给家长留下具体任务让其配合教师完成。在家长需要的时候,为他们提供家教方面的知识与经验。

对于幼儿教师来说,全面的、丰富的知识固然重要,然而比知识更重要的是技能,而比技能更重要的是悟性。教师要在教育实践中不断地感悟和积累教育技能。

(杨国辉)

100. 教师如何提高随机教育的能力?

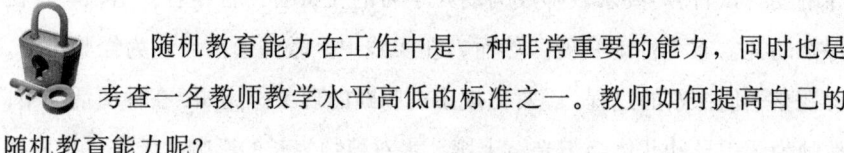

随机教育能力在工作中是一种非常重要的能力,同时也是考查一名教师教学水平高低的标准之一。教师如何提高自己的随机教育能力呢?

(1)了解幼儿的年龄特点和教育活动的目标。教师要知道每个阶段的幼儿的年龄特点和学习特点,了解每个领域活动的目标,只有这样才能抓住机会进行适当的随机教育。比如:大班的孩子们到户外活动时,忽然发现地上有蚯蚓,就纷纷跑去观察蚯蚓,导致户外活动无法继续进行。这时候,教师该怎样做呢?科学目标中有一条是"引导幼儿爱护动植物,关心周围环境,亲近大自然",所以,根据幼儿的兴趣和教育目标,教师可以引导幼儿一起观察蚯蚓,说一说它的生活环境、生活习性,甚至可以把蚯蚓带回班里养在自然角内,引导幼儿观察,从而了解更多有关蚯蚓的知识。这样既满足了幼儿的兴趣需要,又达到了目标要求,何乐而不为呢?

(2)从孩子的视角考虑问题。作为幼儿的引导者和支持者,教师要努力把自己当做幼儿中的一员,学会从幼儿的角度想问题。面对幼儿突如其来的问题，要从容解答，而不要试图糊弄他们。教师的目的是要让幼儿在不同的领域范围内得到满足，这样才能达到良好的教育效果。

(3) 思维要敏捷，知识储备要充足。 教师在面对问题时要能灵活地应对，而且自身的知识储备要充足，要能及时调动所有的相关经验来解决困难。也就是说，教师要以自己的热情、机智、博学感染、教育幼儿。

(4) 随机教育要适度。 在进行随机教育时，教师也要注意教育的指导艺术，把握适当的时机，激发幼儿积极向上、愿意学习的欲望。要防止出现忽视幼儿的年龄特点和发展水平盲目拔高的问题，要注意保持幼儿受教育或学习的最佳状态和兴奋点，适可而止，见好就收，从而给幼儿留下对探索、学习的向往以及思考回味的过程。

总之，教师要想提高自己的随机教育能力，知识经验的积累是必不可少的，细致的观察、反思是非常重要的，灵活、敏捷的思维更是非常关键的。教师要从点滴中汲取经验，在幼儿的身上找到教育的契机。

（朱艳）

101. 教师怎样提高自己的反思能力？

幼儿园要求教师几乎每天都要通过一定的形式进行反思，比如写观察笔记、观察记录、课后反思等。但是，教师在工作中到底如何进行反思？什么样的反思才是有效的？如何才能提高自己的反思能力？对于这些问题，并不是每位教师都很明白。

首先，教师应该保持一颗敏感的心和敏锐的观察力。 只有这样，才能感受到幼儿的感情，真正接近幼儿的心，才能够真正促使自己对工作中的行为进行反思。

其次，全面地进行反思。包括对自身、幼儿的行为表现和活动本身进行反思。

◆教师自身的反思：比如在教学活动中，教师可以从"我的教态怎样？我提供的教具、学具是否适合孩子？本节活动我讲了多长时间？给了孩子多长时间思考？我的提问是否激发孩子去完成目标了？我实施了哪些策略……"来进行反思。

◆对幼儿表现的反思：幼儿在活动中是否有兴趣，是否掌握了活动目标？活动的重点、难点是否被攻克了？幼儿是否有合作学习……

◆对活动本身的反思：活动是否有利于幼儿的探索，是否有利于幼儿的长远发展，有没有学科之间的整合，还有没有值得挖掘的地方？活动中师幼互动过程是怎样的，还能进行怎样的调整？有没有随机事件发生，怎样处理的？哪些突发事件让教师措手不及？什么时候、什么情境下教师感到最焦虑或沮丧？自我感觉，这节课还算成功吗？如果给自己重试的机会，在哪些方面能做得更好……

以此为例，教师在一日生活的不同环节都要注意观察、留心自己的策略，全面地反思，从而逐渐提高自己的反思能力。

（张悦）

102. 教师如何提高自己的观察、分析能力？

有些年轻的幼儿教师在工作中不知道如何观察，即使观察到了现象，也不知道如何分析。几乎每一位幼儿教师都有或曾经有过这样的问题，并尝试在这一方面提高自己的水平。但由于不知道具体的方法，常常是事倍功半，阻碍或影响了自己的成长。在此，我们就"如何

提升教师观察分析的能力"这一问题进行探讨。

毋庸置疑,观察分析能力是教师的基本教学能力之一。教师的教育对象是幼儿,幼儿作为独立的个体,其行为的不可预测性是必然的,这就给教师的工作带来了挑战:怎样才能知道幼儿的想法,进而能够预测他们的行为,以避免一些问题的发生呢?这就要求教师要有观察分析的意识。只有通过观察幼儿的一言一行,才能逐渐了解他们的想法,分析和预测他们的行为,使教育先行于问题。

首先,要明确观察态度。要明确观察分析在教育过程中的作用,进而能够把握观察的各项要求,敢于去观察、乐于去观察,能够尝试利用多种工具协助自己顺利完成观察,并努力地实现观察作用的最大化。正所谓:"态度决定成败!"有了良好的心理准备,观察的效果才会好。

其次,制订合理的观察计划。什么是观察?观察是一种有目的、有计划、比较持久的知觉活动。

观察计划对观察起着指导性的作用。在制订观察计划时,要考虑此次或此阶段的观察目标,确定观察的方向。观察计划最好落实在纸面上,这样教师才能更好地记住,以便在观察的时候有意识地捕捉对自己有用的信息。观察计划对观察起着导向作用,但并不是一成不变的。观察计划是教师做的,但观察对象是孩子,教师应该根据孩子的兴趣点和活动适时地调整自己的观察计划。

在观察的过程中,教师一定要用公平、公正的眼光看待幼儿之间的互动,并尽可能地保持事件的自然发展状况,减少对幼儿和环境的影响,并对事件进行记录,记录中不应包含主观意识的内容。记录要及时、详尽,这对后期的分析起着至关重要的作用。

第三,在日常活动中对幼儿进行观察。教师观察能力的提升不仅依赖于专门的观察活动,在日常活动和教育教学中,观察的运用和练习更是随处可见。比如对幼儿在教育活动中与其他幼儿的合作方法的观察,可以引发对幼儿合作意识的培养；对幼儿穿衣顺序的观察，可在教幼儿合理安排时间中用到。教师应将观察的方法有效地运用到教育教学过程中，对幼儿进行细致、全面的观察，以便提前对幼儿的各种表现有所准备，促进教育活动的顺利进行；日常观察还可以帮助教师更合理地安排教育环节，促进幼儿的全面发展。

第四，**在观察的基础之上进行分析，做到有理有据**。分析要严格遵守客观、全面的原则。要有针对性，不可过于笼统，否则会使观察的效果大打折扣。

教师观察分析能力的提高是个循序渐进的过程，需要教师有持之以恒的耐心，有勇于反思和不断挑战自我的精神。

（佟爽）

103. 幼儿教师应掌握的专业技能中，哪一项最为重要？

幼儿教师需要具备的技能有很多，到底哪一项技能最为重要呢？对于专业技能的认识，许多幼儿教师经历了这样一个过程：

起初，认为声、琴、舞、美这些显性的技能、技巧很重要。因为，上学时重点学了这些，在幼儿面前也重点展示这些。

后来，在实际教学中，觉得对教学活动的设计、组织能力很重要。因为幼儿园每天都要实施教育活动，每学期还要进行活动观摩、分析、评优，它是评判教师教育教学水平的一个重要指标。同时，这种能力也关系着一个教育活动能否顺利地进行，关系着幼儿能否在活动中有所收获。

现在，感到观察、反思的能力最重要。如果教师在教育教学活动中总是按照备好的课一成不变地进行，而不去观察孩子的反应，任凭孩子的眼睛看向窗外，任凭孩子的小手摆弄衣服，任凭孩子的小嘴忙着和同伴聊天，可想而知，这样的活动效果怎能好呢？

教师只有在充分观察幼儿，了解幼儿的发展水平、行为特点、兴趣倾向和学习风格的基础上，才能设计出符合幼儿年龄特点的活动方案，使活动灵活有效地开展，保持幼儿的兴趣，并在活动过程中能根据幼儿的表现及时做出调整，从而保证活动的适宜性和有效性。在强调通过师幼互动实施课程的今天，提高教师的观察能力显得尤为重要，而反思能力是与观察能力密不可分的。不能仅观察、不反思，那样达不到对实际工作指导的目的；也不能不观察、单反思，因为没有依托于客观事实的反思是无效的。在观察时，教师要带着问题进行观察和思考，把注意力集中在关键信息上，这样才能增强观察的目的性；还要对观察到的信息进行分析、整合，这样才能有效运用观察所得的信息指导教育实践。

另外，许多教师由于班上幼儿过多，难以对所有的幼儿进行细致的观察和反思。针对这种情况，教师可以在初期选择班上少数典型的幼儿作为观察对象，通过对他们的细致观察积累信息和经验，不断提升自己的观察、反思能力。在具备了一定的经验之后，教师观察的敏锐度增强了，分析能力提高了，就可以逐渐增加观察的人数，进而对全班幼儿进行观察，对教育活动整体进行反思。

综上所述，声、琴、舞、美这些技能是幼儿教师的特色技能，顺利组织教育活动是教师成功实施教育的基本能力，而观察与反思能力却是一名教师成功实施教育的关键。观察能力使教师从幼儿发展出发进行教学，反思能力则使教师不断审视自己、分析自己，从而不断超越自己。所以，教师在教育过程中对幼儿进行有效的观察，对教育活动整体进行及时的反思与调整，既是有针对性地实施各种教育手段、引导幼儿学习、对幼儿成长进行分析评价的基础，也是增强教师教育能力的重要因素。

(刘玉红)

104. 转岗教师要想尽快提高专业技能水平，该从哪里入手？

我接触过许多转岗的教师，他们大都有这样的感受：在未接触幼儿园时，觉得幼儿园是个无忧无虑、没有压力的"快乐王国"；当走进去后则感觉自己缺乏专业技能，做事手忙脚乱，不知所措，什么都想干，又什么都干不好。这些教师常常感慨：真是隔行如隔山。转岗教师要想提高自己的专业技能水平，从哪里入手呢？

（1）用心。用心观察有经验的教师是如何带班的，观察每个教育环节开始前有经验的教师都会提哪些要求，组织哪些活动或游戏，然后用心记下、用心模仿和学习。比如：在引导小班幼儿练习一个跟着一个排着队往前走时，有经验的教师会以游戏的口吻说："小火车呜呜开，要坐火车快上来，呜呜呜，长长的火车开走喽！"这样，伴随着开火车的游戏，幼儿体验到了排队的快乐。

（2）积累。转岗教师的专业技能需要积累，积累什么呢？建议教师准备这样三个小本子：

◆第一个本子，用于积累好的精彩的活动片段，包括一日生活、区域活动、教育活动、家园共育、个性教育等内容，可以是自己不经意间的得意之作，也可以是其他教师设计的精彩活动。比如为了集中幼儿的注意力，有经验的教师会说："老师把你们装进了我的眼睛里，不信，快来找一找。"这样，孩子在好奇心的引导下会集中注意力，去寻找老师眼中的自己。

◆第二个本子，用于积累自己遇到的教育挫折和问题，它们将成为教师积累教学经验、提升教育技能水平的基础。比如在种植活动中，教师引导大班幼儿将种植的情况记录下来，于是，幼儿在记录本上呈现出房子以及小朋友种植的画面。教师在整理粘贴幼儿的作品时，却认为做种植记录画上房子是多余的，就把房子剪掉了。当第二天询问幼儿为什么画房子时，幼儿回答："我是在房子前面种的种子。"这时，教师才恍然大悟，意识到自己在没有了解孩子想法的情况下，贸然做了决定。虽然在活动指导中教师出现了问题，但是，它对教师今后的有效指导很有启发意义。

◆第三个本子，用于记录阅读的感受或者摘记对自己有帮助的文字。开卷有益，转岗教师一定要多看专业书籍以及和学前教育有关的刊物，每周最少写一篇自己的读后感受，或摘记对自己工作有益的文字，哪怕只有一句话，这样的文字积累多了会对教师工作有很大的帮助。

(3)**实践，百炼成钢**。教师的教育技能水平的提升不仅要有理论作基础，更需要在实践中去锻炼，不能总是等、靠、要，教师要积极参与教研活动，承接观摩及各种评比检查任务。在精心设计和准备教学活动的过程中，在随机应对出现的教育问题的过程中，教师组织教学的技能水平和教育的智慧将会得到提升和积累。

（杨国辉）

105. 幼儿教师一天的教育环节中，哪一个环节最难？

幼儿园班级一日生活中的各个环节都有其不同的重、难点，不同年龄段的教师由于教育经验、教育水平的差异，对环节的组织方法也不同，这也就造成了对"最难环节"的不同认识与感受。不过，对于这个问题的认识，大多数教师都经历了这样一个过程：

起初，认为教学活动最难。因为要想上好一节课，要精心设计教案，

要准备充足的、多层次的教具,还要随时面对孩子们可能出现的不同的反应……尤其是当孩子们对教师准备的活动不感兴趣,甚至走神、打闹使活动难以进行时,教师更是觉得上好课太难了!在这个阶段,教师会对教育活动的设计冥思苦想,力求设计新颖的活动;还会在一次次的教育活动的实践中不断发现问题、解决问题,不断品味成功,提炼成功的经验。对这个环节倾注最大的热情与精力,是年轻教师的特点。

后来,经过了一段时间的磨炼,教师能顺利实施教育活动了,却发现生活环节要想组织好也很难。在生活环节中,不仅要培养幼儿的好习惯和自理能力;还要对他们细致护理、照顾全面。尤其是那些备受家长溺爱的、性格任性的孩子更是难以引导。这时候,教师已经从仅仅关注上课环节的圈子中走出来了,逐步具备了全局观念,开始从生活细节入手对幼儿进行教育。

现在,认为对活动区的指导最难。很多幼儿园都在以各种方式丰富教师组织生活活动的经验,在一日生活中提高教师的组织能力。此时,大家普遍认为,活动区活动的指导最难!因为,在活动区活动是孩子们自由选择、自由结伴、自由活动的过程,在这个过程中,教师一方面要注意孩子的需求,要注意他们的兴趣,另一方面还要注意对他们能力的培养,注意个体和群体间的协调……多方面的东西都要涵盖,而其中的不确定因素又有很多,比如:教师既要非常了解孩子的年龄特点,又要了解不同孩子的个性特点;既要有很强的观察能力、反思能力、调整能力,又要适时、适当、以适宜身份进行引导;既要注意引导的方法,又要采用恰当方法使个体经验得以共享,使群体获益。在这个过程中,教师的教育教学水平会提高很快,并且在关注细节、研究孩子的过程中,能逐渐成长为研究型教师。

无论是教育活动、生活环节还是活动区活动的组织,都需要教师认真学习《幼儿园教育指导纲要(试行)》的教育目标,了解幼儿的年龄特点;关注个体差异,抓住机会对幼儿进行教育;在借鉴他人成功经验的基

专业能力发展篇

础上努力在实践中不断摸索、积累自己的经验。只有这样,教师在组织教育教学活动的时候,才能逐渐做到有张有弛,让幼儿在每个环节中都获得应有的发展。

(刘玉红)

106. 教学活动目标如何体现"既满足幼儿现有的需要,又具有长远价值"?

每一个活动目标都是教育总目标的具体化。目标的确定既要考虑《幼儿园教育指导纲要(试行)》对幼儿发展的总的要求,又要兼顾幼儿的兴趣爱好;既要考虑幼儿相关经验的调动,又要能够发展幼儿的认识与思维水平,提升幼儿的能力;既要考虑幼儿的能力技能发展,又要兼顾幼儿的情感、态度、价值观,以培养幼儿的兴趣、探索欲望、操作能力为出发点。

(1)目标要具体明确,能体现学习后达到的效果。 指向一次预成性活动的目标要能够体现学习后达到的效果,能够通过幼儿的外在行为表现对目标达成度加以测量。比如针对小班幼儿开展的"认识沙漠动物"的主题活动,其目标为认识常见的沙漠动物的明显外型特征。通过让幼儿回答问题、指认图片等方式,教师很容易就能知道幼儿是否达到了这个目标。

(2)不同的教育内容,目标的侧重点不同。 幼儿教育的总目标是满足幼儿的探索兴趣和愿望,每一次的教育目标要结合具体内容而有不同的能力发展的侧重点。比如:"有趣的叶子"的教学活动,其侧重点在于对幼儿观察与分析能力的培养,同时培养幼儿对大自然的兴趣;而"辨别生熟鸡蛋"的教学活动,其侧重点在于对幼儿操作探索能力的培养,同时培养幼儿探索日常生活中的事物或者现象的兴趣;"身边的工具"的教学活动则重点培养幼儿对生活中的工具的认识与对多彩生活的热爱。

(3) **目标要能体现教育的长远性**。教育的总目标是开发幼儿的发展潜能,使幼儿能够主动建构知识,促进幼儿认知、情感、态度和价值观的发展。因此,每一个教育活动的目标都既要有认知操作技能的目标,又要体现教育在幼儿发展过程中的长远价值。比如:"认识锁与钥匙"主题活动的认知目标为"了解锁与钥匙的不同外型特征,知道其在人们生活中的不同功用";情感目标为"培养幼儿对锁与钥匙的探究兴趣";态度目标为"大胆想象未来的锁与钥匙的样子";技能的目标为"用废旧材料制作锁与钥匙"。

(4) **目标要根据活动过程的需要体现灵活性**。教育目标是为幼儿教育活动过程服务的,要结合教育活动的发展过程,结合幼儿的学习兴趣灵活调整,以适应幼儿的发展水平与兴趣爱好,有时是局部调整,有时是完全推翻原有目标,重新设立新目标。比如在主题活动"榨果汁"中,教师预先设定的目标是"鼓励幼儿尝试使用多种工具榨出果汁",并准备了塑料瓶、勺子、擀面棍等多种工具,期望幼儿在操作过程中找出适宜的工具。结果,教师在活动中发现,幼儿并没有使用塑料瓶子、擀面棍、勺子等工具去挤压,他们直接选择了用捣罐捣烂、刀子切碎、纱布挤压出汁等方法。这证明幼儿已经有了选择适宜工具的经验,此时教师就应将目标调整为"面对不同的工具尝试怎样才能榨出更多果汁",提高了要求,使幼儿更加积极参与、大胆尝试。

制定目标的关键不在于用怎样的措辞去表述,而在于怎样认识教育活动的价值。教师要将目标装在心里,从促进幼儿身心全面发展的高度去设计、组织活动。

(刘洪霞)

107. 幼儿园的教育主题应该如何确定，从哪些方面选择内容？

(1) 幼儿的兴趣与经验是主题确定的前提条件。 学前教育的对象是幼儿，因此，教育的内容要反映幼儿周围生活中的现象，教育活动的主题要注意贴近幼儿的实际生活经验，如"怎样使杯中的水更快地冷却"、"怎样辨别生熟鸡蛋"、"生活中的网"、"不可缺少的手机"、"钥匙和锁"等。要选择幼儿感兴趣的话题和内容，不能只追求形式的新颖，而内容却脱离幼儿的年龄特点。

(2) 要选择常见的、幼儿能理解和探索的内容。 教育的内容很广泛，幼儿的兴趣爱好更是多种多样，但是，活动主题必须是最基本的、有多种探索可能的、有代表性的内容，如"生活中有弹性的物体"、"怎样让物体转起来"、"生活中的工具"、"阳光下的影子"等。

(3) 要选择适宜幼儿群体探究的学习内容。 教师在开展主题活动时，要选择绝大多数幼儿感兴趣的、适宜幼儿集体或小组共同探索的、有经验共享价值的活动。有些活动内容虽然很有价值，但不适宜集体探究，可以建议家长在家庭中进行。比如在"我们的工具"主题活动中，对于"电灯开关为什么能控制灯的开与关；为什么有的开关控制一盏灯，有的控制很多盏灯"等关于电灯开关问题的活动，教师就可以建议家长在家庭中进行，因为在幼儿园幼儿只能制作模拟的开关，但他们真正感兴趣的是房间里的灯，是能够亲自操作体验一下。

(刘洪霞)

108. 总说教学活动的准备很重要，究竟应该做好哪些准备呢？

"好的开始等于成功的一半。"教师不可小看活动准备，它是决定教育活动成败和教育效果好坏的关键因素。在开展教学活动前，教师需要做两方面的准备：知识经验的准备和活动材料的准备。

(1) 知识经验的准备。 预成的教育活动是建立在幼儿已有的知识经验基础上的、幼儿群体共同探索的、运用幼儿群体资源优势相互学习的活动。教师在日常的班级环境创设、区域游戏活动、生活环节活动、家园配合活动中应注意发现幼儿的探索兴趣，提升幼儿的探索经验。

可以在集体活动开展前，告诉幼儿将要进行的活动主题与内容，使幼儿在活动前主动做好准备。比如：在进行"神奇的海洋生物"主题前，请大班幼儿讨论："你去过哪个海洋馆？关于海洋生物你都知道些什么？"请幼儿从图书、光盘、海洋馆、网站上收集大量的资料和信息，然后在活动中鼓励幼儿运用语言、绘画、照片等方式充分展示自己了解到的海洋生物知识，这种幼儿之间的有效互动能大大增强活动的效果。因此，预成的教育活动范围从宏观上看是幼儿在整个社会活动中的经验集结。

(2) 活动材料的准备。 活动材料是幼儿进行活动探索的必要支持物。活动材料应在数量上保证幼儿的操作需要，同时种类应多样。比如在"怎样不损坏蛋壳取出蛋清与蛋黄"的主题活动中，教师准备了这样几种材料：钉子（用于戳破蛋壳）、筷子（用于搅拌蛋黄与蛋清以便其流出）、注射器、吸管（用于吸出蛋黄与蛋清）、盘子、小碗等。在活动中，有的幼儿使用一种工具，有的幼儿使用三种工具。结果，几种工具都可以达到目的。事实使孩子们懂得，不同的工具有不同的作用。

　　活动材料既可以是教师在预测了幼儿可能的需要后准备的，也可以是和幼儿一起商量，共同准备的。在活动中，教师还要引导幼儿根据探索需要自己寻找材料。

（刘洪霞）

109. 有什么好方法可以尽快提高教学活动设计能力？

　　教学活动设计是基于对幼儿年龄特点的把握和对教育目标的理解而提出的。新教师要想尽快提高活动设计能力可以参照下面的"教育活动设计模板"（见表2），从活动设计的每一个环节来细致地思考和把握。模板可以用来自行设计活动，也可以组合拼装活动。模板的提供使教师能够轻松地设计主题活动，使活动设计变得简单可行。只要按照模板的项目，并参照范例，教师就可以设计出比较完美的教学活动。利用模板还可以将活动单元灵活组合，形成新的主题，避免花费过多的时间和精力去冥思苦想活动设计，从而可以把更多的时间和精力放到观察儿童、指导儿童上来。

表2

模板项目	项目内涵	项目说明
主题目标	知识技能目标 情感态度目标 价值观的目标	要考虑儿童的兴趣点，从众多的问题中筛选出大多数儿童最感兴趣的；当儿童的兴趣点不在同一个点上时，教育者要选择对儿童发展最有价值的、儿童最想知道的和可能理解的问题。 可能存在的困难，哪些需要教师帮助，哪些可以引导儿童自己解决？ 本活动能促进儿童哪些社会性品质的发展？比如体验成功的快乐、建立自信、能够向别人学习、有克服困难的勇气等。
知识网络	从知识的系统性出发，反映知识本身的脉络	是教育者理清思路、明确知识点、找出适合儿童探究水平的内容的依据；教师要把握哪些内容适合儿童来学习；为设计活动网络做准备，但决不能以此作为儿童教育主题与单元的安排。比如在"汽车"的主题活动中，对于汽车的外观与内部构造，儿童都很感兴趣，可以把内部构造中的座椅、蓄电池、仪表盘、变速杆等可以介绍给儿童，但对于发动机的工作原理儿童则不能理解，因此不能把它作为探究的内容。
儿童学习的主题网络	从儿童认识事物的特点和规律来进行网络设计	要考虑儿童学习的特点和顺序。网络设计不再是知识的系统学习与展示，而是为儿童学习服务的，这是一个最为关键的转变。如果做得不好，会使活动重新回到教师教、儿童听的灌输教育的老路上去。 比如"我们的牙齿"主题活动，知识的顺序是：认识牙齿—牙齿的构造—牙齿的保护—牙病的预防。儿童学习的网络顺序是：得了牙病真难受—为什么会得牙病—牙齿长得什么样—得了牙病怎么办—怎样保护牙齿等。

表2续

模板项目	项目内涵	项目说明
环境材料相关内容	教师、幼儿和家长共同布置,强调幼儿的参与;主要包括活动区与墙饰	选择能引起儿童思考与探究的内容,给幼儿提出挑战性任务;利用活动区与墙面布置吸引幼儿参与活动,丰富幼儿的相关经验。
活动形式	集体学习、小组学习、个别学习并重;幼儿园学习、幼儿与家长共同学习同步,能促进幼儿的主动学习	考虑怎样的形式能使幼儿更加投入,能使幼儿相互合作,能满足幼儿个性化学习的需要。
可利用资源	幼儿园的、家庭的、社区的、信息媒体的资源	要考虑幼儿园资源——人力的、材料的、活动的资源的利用;吸引家长的参与又不能给家长增加过多负担;信息媒体尤其是网络媒体的利用尤为重要,引导儿童一起收集材料,这个过程同样是教育的过程。
思维拓展	介绍一些与主题有关的趣闻、科学小知识、趣味小实验,强化幼儿的兴趣,吸引幼儿继续探究	每一个主题持续的时间都不宜过长,让儿童不是越学越深而是越学越有趣;儿童的兴趣是广泛的,在转向一个更有趣味的主题时,思维拓展能延伸儿童的兴趣,使感兴趣的儿童可以继续探讨,满足不同儿童的个性学习需要。

模板应用:自行设计活动举例——汽车(见表3)

表3

主题目标	熟知常见的汽车的用途、特征和类别——知识与能力; 对汽车的优、缺点进行讨论与思考——知识与能力; 合作学习,大胆设计并制作未来的汽车——知识与能力; 对生活中的事物敢于探究,大胆思考,尝试创造——兴趣与习惯; 具有初步的环保意识——态度与价值观
知识网络	汽车—名称—构造—用途—优、缺点—发展

表3续

儿童学习的主题网络	汽车—我知道的汽车—汽车和我们的生活—汽车的里面和外面—汽车的好处和坏处—未来的汽车—我们会造车——汽车展览
环境材料相关内容	墙面布置：成人和幼儿一起找来各式各样的汽车图片、汽车发明人的照片、汽车发明以前人们的交通工具图片、概念车的照片、幼儿自己画的汽车图片； 游戏区：幼儿自带汽车玩耍、为汽车图片分类、在图书区观看汽车书籍等
活动形式	我知道的汽车——自由谈话； 汽车和我们的生活——集体教学活动； 汽车的里面和外面——请个别幼儿回家观察自家的车，在幼儿园组织幼儿分小组进行汽车观摩，与幼儿园司机交流； 汽车的好处和坏处——小组谈话； 未来的汽车——集体教学活动； 我们会造车——集体教学活动； 汽车展览——全园参观，本班幼儿讲解
可利用资源	鼓励幼儿和家长一起收集与汽车有关的信息，举行"汽车小博士问不倒"活动，鼓励幼儿理解并交流有关汽车的信息
思维拓展	世界上第一辆汽车是谁发明的？ 火星探测车是怎样活动的？ 不用燃料无污染的汽车有吗？ 未来概念车是什么样子的？

在开展教育活动的过程中，教师应调动幼儿的学习兴趣，引发幼儿的探究动机，适当提出挑战性任务，再结合各学科的教育因素发挥环境的教育作用，就能发挥教育活动的最大效能，既丰富幼儿的知识，又培养幼儿的探究能力和态度，可谓"鱼和熊掌兼得"。

(刘洪霞)

110. 在教育活动中如何关注幼儿的兴趣，并引导幼儿深入发展呢？

兴趣是人对某种事物或对象的渴求和认识欲望，它是人产生学习行为的原动力和源泉。幼儿天生好奇好问，喜欢用各种感官去探索周围世界。因此，教师要为幼儿提供大量的直接经验，让其亲身去体验、挖掘答案，以满足其好奇心。但是，幼儿的兴趣往往是不稳定的，因此，教师必须艺术地抓住幼儿的兴趣，延伸幼儿的兴趣，引导他们投入到学习活动中去。

（1）**在随机性活动中抓住幼儿的兴趣。**雨是怎样从房檐上落下来的、楼顶平台上的出气孔是什么样的、下雨前小动物有什么样的变化、立交桥是怎样设计的、下水道的水哪里去了……这些即时的兴趣有时比刻意设计的活动更能发展幼儿的探究能力，因为它产生于幼儿的内在需要。比如：在中午起床后梳头时，一名幼儿在梳子上盖上一张纸，用嘴轻触梳子并发出"呜"的一声，随后梳子发出一种奇怪的共鸣声。很多幼儿被吸引过来，他们也模仿起来。他们发现，梳子齿的疏密与声音的高低有关，纸的薄厚与声音的共鸣效果有关，梳子的质地与声音的音色有关。第二天，很多幼儿从家里带来妈妈烫发用的金属梳子、宽齿木制梳子，大家自发地用"梳子琴"表演了一首歌。这次偶然的发现，激起了幼儿更多的思考与探索。

（2）**在生成性活动中延伸幼儿的兴趣。**尽量在现象发生的现场开展生成性活动。生成性活动是顺应幼儿的兴趣设计成的单个的或系列的活动。比如：

一天下过雨后,小朋友们来到幼儿园。他们发现活动室的地板上有许多小脚印,每一个脚印都是不同的。连续几天,他们都在收集鞋底上的花纹。他们渐渐地发现,每种鞋子底部的花纹都不同,作用也不同。比如,有的鞋底上的花纹是为了美观,有的是为了走路不滑。通过花纹,他们认识了各种各样的鞋子,有雨鞋、冰鞋、救火鞋、减肥鞋……按说,活动也就到此为止了,但教师继续将幼儿的兴趣引向纵深,引导幼儿看看生活中还有什么地方有花纹。小朋友们发现,鼠标垫下面有花纹、人的皮肤上有花纹、昆虫的脚上有花纹、汽车的轮胎上也有花纹。于是,幼儿研究花纹的兴趣又被点燃了。通过观察幼儿园的车、小区的车,他们发现,越是拉货物的大车,轮胎越多,花纹越深。有的幼儿还从网上查到,下雪时,为了防滑还会在汽车轮胎上装上铁链子,防止汽车打滑。原来花纹的作用这么大呀!

生成性活动的特点是抓住幼儿即时产生的兴趣,引发幼儿的探究活动。它对教师的观察与判断能力要求较高:什么样的活动是个别幼儿感兴趣的,需要个别指导;什么样的兴趣是群体幼儿感兴趣的,需要对群体幼儿进行指导。教师的心中要迅速建立起一个可能的主题网,只有这样才能有效地拓展幼儿的认识,发展幼儿的探究能力。如上例:鞋印(个别幼儿的兴趣)—鞋印都有什么样的(引导部分幼儿观察)—鞋印有什么作用(群体幼儿收集资料,共同研究)—还有什么地方有花纹(扩大认识范围)—花纹和我们的生活有什么关系(拓展思维)。通过这一系列活动,教师有目的地将幼儿的认识升华,逐步加深幼儿认识的内容。

(3) 在预成性活动中顺应幼儿的兴趣。即根据幼儿的生活经验刻意设计的活动,如"种子发芽"、"磁铁的吸引力"、"脸上有什么"、"奇妙的蛋壳"、"水中的沉浮"、"我们的小脚丫"、"各种各样的工具"等主题活动。预成性主题不是无端产生的,是建立在教育学、心理学基础上的对幼儿年龄段群体的共同兴趣的预测。比如：小班幼儿普遍喜欢小动物，中班幼儿普遍喜欢汽车，大班幼儿普遍喜欢恐龙、外星人等。预成性主题在幼儿园的主题教育中占主要地位，但在实施过程中，要考虑根据幼儿的兴趣爱好进行必要的调整。

(刘洪霞)

111. 教师的"教育灵感"从哪里来呢？

教师是一个具有创造性的职业，教师的教育生涯伴随着灵感触发、随机教育的过程。不断地思考也使教师不断地挖掘自身的潜力，走向成熟，从经验型教师走向专家型教师。教师思维的火花是怎么被激发出来的呢？他们的教育灵感又是从哪里来的呢？首先，对事业的热爱与追求是先决条件；其次，日常教育过程中的经验蓄积是根本，因为灵感不是凭空想象出来的。教师灵感的储备箱有三个：

（1）教师灵感的首要来源——千姿百态的儿童。 教师每天与天真活泼的儿童生活在一起，这是任何专家、教授所不能拥有的宝贵资源。因此，只有一线的教师最了解孩子，虽然他们没有丰厚的理论基础，但他们的教育方法总是最有效果的。

教师通过观察幼儿入园时的表现，发现了这样一个现象：刚一来便大哭的幼儿用不了一个星期就会适应，而那些噙着眼泪不哭出声，按照要求吃饭、游戏的幼儿则要用很长的时间才能适应幼儿园的生活。为了让幼儿尽快适应幼儿园，教师灵机一动想出了一个好办法：请每个幼儿带来一张自己妈妈的照片贴在教室的墙上。对于适应较慢的幼儿，请他们把妈妈的照片贴在休息室里。每当他们想妈妈时，就可以到休息室看着照片对妈妈说话。教师也会对他们说:"如果想妈妈你就哭吧。"教师发现,强迫幼儿忍住不哭并不能解决问题,而让幼儿发泄不良情绪倒是一个解决问题的好办法。

每件小事都可能成为教师灵感的来源。教师的教育灵感就是这样在每天的观察、思考、实践过程中不断蓄积的。每一个灵感看起来微不足道,但一旦喷发出来就是令人震惊的能量。

(2) 教师灵感的及时雨——有着专业素养的教师群体。培养具有综合能力的幼儿,需要具备综合能力的教师。在现代社会里,没有哪位教师能够仅凭自己的力量就能完成育人工作的,特级教师、名教师的背后都有无数只看不见的、强有力的手在支持。教育改革要求教师加强群体之间的互动,以便教师之间能够随时交流教育经验,探讨教育问题。这种及时的思想与实践的交流是科学教育的重要推进力量。幼儿园是"百花园",每一位教师都有自己独特的花香。每一位教师都能从其他教师身上学到有价值的经验,这种学习有时是有意的;有时是无意的,是从幼儿身上发现问题后才去寻找的。比如:

一位教师发现同样是大班儿童,自己班幼儿的活动探索水平明显比同龄班的幼儿的水平低,孩子思维不开阔,也不敢表达。这位教师利用不带班的时间坚持观摩另一个班教师组织的活动后发现,该教师总是提出问题引发幼儿讨论,出现难题时会先让幼儿想办法。而反思自己,总是在提出问题后先请幼儿一个一个回答,回答后自己再评价幼儿的答案,没有给幼儿交流的机会,幼儿也习惯等着教师叫自己回答问题,不注意听其他幼儿的想法;在操作活动前、后没有让幼儿交流自己的计划和经验,只是谈自己的想法,给孩子互相学习的机会太少了。找到差别后,她努力改进,还让大家看她组织的科学活动,给她提建议。现在她已经是一名骨干教师了。

(3) 教师灵感来源的储备库——强大的资源支持。 教师个人的能量毕竟是有限的,个人能力再强也赶不上知识更新的速度,何况教师也不可能总有机会去进行长时间的、连续的学习。因此,善于开发利用资源就成为创造型教师的最重要的能力之一。专家的指点、家长资源、社区资源、教师群体资源自不必说,教师首先要重视的一个资源就是网络资源。很多前沿教育理论与教育实践都能在网上看到,如果教师能够熟练使用网络,就等于拥有了一个无限大的教育资源库,可以结识各方面的教育专家,有无数的学前教育界朋友,更重要的是,教师的视野开阔了。互联网为每一个人打开了一扇通往世界各地的门,带给我们所需要的各方面的综合知识。

每个教师都曾有过思维的火花。只不过有的教师只是让火花在自己眼前闪现一下而已,有的教师却能紧紧抓住灵感的火花,把它们刻在脑海里,慢慢地穿成串、连成片、汇集成教育的智慧和机智,进而运用到教育教学中。

(刘洪霞)

112. 在教育活动设计与组织阶段,教师如何反思评价活动?

评价在教育中的作用已为人们所熟知。评价的价值不仅在于促进教师的成长,更能影响幼儿的主动建构能力。评价不是为了得到教与学的质量等级标准,也不是为了评判教师与幼儿能力的优劣,评价是为了使幼儿的探究过程发挥更大的效能,促进教师与幼儿的成长。教师和幼儿既是评价者又是被评价者。评价为教师的"教"和幼儿的"学"提供了支持,让幼儿和教师得到可以进步的信息,明确下一步的前进方向。

评价贯穿于整个教育过程中，教师不但要进行自我评价，还应引导幼儿的自我评价，使幼儿有意识地评判自己的学习现状，进而产生新的探究目标。活动的评价与反思调节要从计划做起：

(1) **活动前——深思熟虑**。主要表现在以下几个方面：

◆活动的主题是绝大多数幼儿感兴趣的吗？幼儿的众多兴趣中哪一个对他们的发展最有价值？这个兴趣能否激励幼儿的主动探索？

◆儿童的兴趣能生成什么样的教育内容？知识系统的网络怎样建构的？儿童活动的网络怎样搭建的？网络线索应该怎样发展？哪些对全体儿童更有价值，哪些应略去？哪些适合集体探究，哪些适合小组或个别探究？

◆活动的准备充分吗？活动的内容注意到调动幼儿已有的经验了吗？除了物质材料的准备，还做了知识经验的储备吗？哪些准备工作需要教师和幼儿一起做？哪些准备需要家长和幼儿一起做？哪些需要集体探究和交流？

◆活动开始以前应该提一些怎样的问题以激发幼儿的个别探究愿望？怎样帮助儿童梳理个别经验？

◆活动形式能体现幼儿的主体地位吗？体现最佳效益原则了吗？有幼儿小组与个别学习的机会吗？

◆活动中可能出现什么问题？如果过高或过低估计了幼儿的能力水平怎么办？幼儿可能遇到哪些困难？哪些地方幼儿可以自己解决，哪些地方需要教师提供必要的帮助？

◆所有可能的资源都得到利用了吗？体现资源运用的最高效能了吗？

(2) **活动中——启思质疑**。主要表现在以下几个方面：

环境与材料

◆环境是和儿童一起创设的吗？有利于幼儿的主动学习吗？幼儿是否有驾御环境的能力？

◆提供的材料体现幼儿的个体差异了吗？能激发幼儿的主动探索吗？能满足幼儿的特殊需要吗？

儿童的主体性发挥

◆孩子们是在积极地探究吗？他们担心教师的评判吗？他们得到他们想要的机会了吗？他们能够使用提供的材料解决问题吗？

◆每个孩子都有自信吗？都有成功的机会吗？孩子们有愉悦的情绪感受吗？

教师与儿童的互动

◆教师能对儿童的表现做出适宜的赞赏吗？经常用积极的态度鼓励和引导幼儿的主动探索吗？能宽容幼儿的建构性错误吗？能在必要时提供有效的帮助吗？

◆教师积极地回应了孩子的话题吗？注意启发孩子的自发探究了吗？能给予孩子们积极的鼓励吗？孩子们是在积极地与教师交流吗？每一个孩子都不存在交流障碍吗？

教师的指导作用

◆教师注意给幼儿创造合作学习的机会了吗？鼓励幼儿表达与表现自己的体验与看法了吗？能发现儿童学习中的矛盾和冲突，并及时地引发讨论吗？

◆教师为幼儿的认识做了必要的提升吗？在发散幼儿思维的前提下，是否注意了归纳总结呢？活动可以向什么方向拓展？

(3) **活动后——反思自省**。主要表现在以下几个方面：

◆活动中幼儿的表现与教师的预想一致吗？如果不一致，差距在哪里？

◆哪些地方与计划不同，所做的改变合理吗？

◆幼儿的经验有提升吗？这种活动形式的优、缺点是什么？什么问题应该在计划中不断调整？如果再遇到相关问题能做什么样的调整？

◆教师的行为有哪些地方欠妥？哪些应该在当时调整，哪些在今后应吸取教训？

◆针对幼儿的状况，下一步的研究方向是什么？

对应以上各个环节的问题，教师反复追问自己，调整活动内容，就能相对全面、科学、合理地设计与组织活动。

（刘洪霞）

113. 幼儿教师如何平衡工作、学习与生活？

很多幼儿教师抱怨："幼儿园的工作非常琐碎，对孩子的照顾不能有丝毫马虎，而且幼儿园的任务也要占用很多的休息时间。所以，感觉自己的生活非常忙碌，没有学习的时间。"那么，怎样平衡工作、学习与生活之间的关系呢？

首先，我们要明确：工作既是我们生活的保证，也是我们实现人生价值的平台。不断地学习、充电能使我们的工作更有成效，使我们的生活更有质量。对美好生活的向往能使我们有学习的积极性，有条理的生活又能使我们有学习的时间与精力。三者是相辅相成的，并不矛盾。我们所要做的是协调好三者的关系，安排好三者的时间。

夸美纽斯在《大教学论》中提到："时间应精密分配，使每年、每月、每天和每小时都有它的特殊任务。"是的，我们只需学做一个会分配时间的人，就能使我们的生活变得丰富多彩。

(1) 在学习上，要利用好上班的时间。 一方面对于区级、园级的培训认真对待，一方面结合自己的兴趣、专业方向和优势确定研究方向，以各种方式来学习。比如：平时可以相机不离手，通过视频、图片、随笔等方式随时记录自己平时的一些教学经验和感悟。在休息时间里，也可以通过网络博客与同行朋友交流。

(2) 在享受生活的同时，也是可以学习的。比如：看电视时多关注科学探索类的节目，既愉悦身心、消磨时间，又能获取多方面的知识，开阔眼界；春天外出游玩时，用相机拍下大自然的细微变化，带回幼儿园和孩子们一起观察哪些植物先开花，哪些植物先长叶；参观车展时，可以收集感兴趣的资料在班级中办个"汽车小展览"，你会发现和你有共同兴趣的小朋友还真不少……幼儿教师还应该涉猎广泛。只有和孩子有共同的兴趣，才能更好地走进童心。幼儿教师的学习是和生活紧密联系的，享受生活的同时，既可以丰富知识又可以应用于工作，使我们的工作充满创意，充满乐趣。

总之，教师要有效利用时间，将生活、工作与学习有机结合。除此之外，我们还可以看一些心理调试方面的图书，以积极的心态面对工作、学习和生活。

（刘玉红）

114. 身为班长的教师想事事争先，可是组员不想领那么多任务怎么办？

在班级中三名教师是一个整体，只有班长在工作中有事事争先的精神是不够的。好的班级工作，要靠班组教师的共同努力。

方法一：榜样作用。班长首先要发挥带头模范作用。身为班长应时时处处事事起带头作用，以身作则，做出榜样，做出表率。俗话说得好："要想火车跑得快，全靠车头拽。"要求别人做到的，班长首先自己要做到，而且要做好！要依靠模范带头作用来感染组员，争取得到组员的信任和尊重。

方法二：沟通交流。 班长要和组员勤沟通，多交流。班长和组员之间要相互多交流意见和看法。班长对待组员要坦诚、平等，拉近和组员的心理距离。当组员需要帮助时，能够及时提供帮助；当组员情绪出现波动时，能够及时安抚；在工作中做到信息共享，经验共享。

方法三：营造和谐的工作氛围。 作为班长，要合理安排班上的各项工作。班级活动内容要和组员共同商量确定，鼓励组员积极配合开展活动，避免班长事事包办，一个人说了算。

方法四：发现组员的闪光点，激发组员的潜能。 班长要正确看待组员的长处，肯定组员的长处，在工作中留给组员充分展示自己长处的空间和表现的机会，满足组员受尊重的需要和自我实现的需要，调动组员的积极性，使组员能够以积极主动的心态迎接工作。

方法五：甘苦与共，荣誉共享。 比如，班长承担了观摩活动，班组成员肯定是要协助做很多工作的，如幼儿活动环境的调整、班级的环境卫生等。此时，作为班长，除了要准备好自己的活动，还要带领组员做好班级的其他工作。不能把活动环境的调整和环境卫生工作分配给组员，只准备自己的活动。观摩活动获得好评后，作为班长，首先要肯定大家的努力，不能认为荣誉只属于自己，而忽略组员的辛苦付出，要诚心诚意地感谢大家的帮助。久而久之，班组就会形成凝聚力。

总之，作为班组长，只有多站在组员的角度考虑问题，多了解组员的心声，在工作中起到表率作用，为组员创造展示才华的机会，才能得到组员的一致认可，班组工作才能做好。

（梁艳丰）

115. 教师应如何制订有效的学习计划？

教师要不断地与时俱进，更新自己已有的经验。这就需要不断地学习，通过各种渠道和方法多学习。可是有时候学习是盲目的，看着别人学了，自己不想落后，也跟着学，但是却没什么帮助。这是为什么呢？

由于没有计划性，学习会进入一个"盲目学、学不对"的恶性循环，作为一名合格的幼儿教师，制订有效的学习计划既是对自身素质的合理促进，也是对教育教学工作效果的大力提升。有计划的学习要基于明确的目标，所以教师首先要确立自己的学习目标，选定学习内容，分析学习策略，了解学习成果。

首先，教师应当根据自身的特点选择相应的学习目标。一般分为取长和补短两个方面。

◆取长是针对自身的优势进行合理的再深造，深入地研究特长，促进自身的发展，做A型教师。每个教师都有自己的长处，教师要敢于剖析自我，不能一味地谦虚，要善于总结自己的闪光点，并找出更广阔的发展空间。比如，有的教师弹得一手好琴，却只限于自己表演，不能在教育教学中有所展现。针对这样的情况，教师就要把"如何将自身特长与教育教学结合起来，促进幼儿的全面发展和自身业务特长的形成"作为学习的目标和内容。对这样的教师而言，学习幼儿艺术的发展特点、音乐教学法、音乐游戏等内容较为适宜。通过对特长方面的学习和深入，教师的教学特色逐渐形成，自信心也会有所提升，对其他方面的业务也会有所带动，达到以点带面的效果。

◆补短则是针对自身的不足,加强学习,以便更好地符合教育教学的需要,促进自身向 T 型教师发展。正所谓"人无完人",教师一样有自己擅长的,也有自己的不足之处。一般遇到短处时,教师要么会避开,要么会迎上去,选择前者短时期里没有问题,可以暂时交差,但选择后者才是明智的,只有对症下药,才能药到病除。教师要敢于面对自己的短处和不足,并尽早地进行相应的学习和改进,使自己更符合教师的要求。

其次,教师在确定学习目标以后要继续选定学习内容。学习的内容是根本,只有学对了东西才能真正地提高业务能力。在学习内容的选择上,要遵循由易到难、由浅入深的原则,不宜过快地提高难度,特别是要充分考虑到作为一线在职教师,工作任务仍然是主要的,学习往往只能利用零星时间,所以要合理安排学习的内容,扎实地理解学习的内容。切记,教师的学习与工作分不开,学以致用的原则是必不可少的。

有了学习的目标和内容,就要考虑怎样学了。实践学习是学习的重要方法,也是检验学习成果的重要手段,教师要适时地制订实践计划,确保学习的可操作性。但实践学习只是学习的方法之一,并不是所有的学习都一定要在实践中进行,有些内容可以利用文字、图片、视频等方式代替,甚至可以直接"取经"。比如有的教师想要有针对性地学习某一教法,而他身边恰好有这方面比较有特长的教师,他就可以直接向身边人请教,再加上理论知识的支持,就能达到理论与实际相结合、动态与静态相结合的目的了。但所有的学习方法都应以实现学习目标为原则,以能够表现学习内容为出发点,要不拘一格,灵活运用。

最后,教师应当在学习计划中明确学习的效果,将学习成果真正融入教育教学过程和自身发展之中,促进教育效果的进一步提高。这种效果应当是显而易见的,是有实现价值的。可以是实践出来的行为效果,也可以是落在文中的资料成果。当然一个成功的学习者收获的一定不止一个方面,所以要事先多思考。

　　学习计划和其他计划一样，既有其需要严格遵守的必要性，也有其随着学习情况的逐步深入而随时调整的灵活性，不要认为这样的计划有无皆可，因为一个成功的学习计划是成功学习的一半，作为教师，要想"授之以渔"，自己就一定要先学会正确的捕鱼之术。

（佟爽）

116. 对于新教师而言，有哪些方法可以建立自信心？

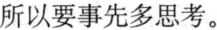

　　自信心对于新教师而言是顺利开展教育教学工作的基本保障，可对新教师向成熟型教师转型提供有力的支持。新教师在参加教育工作的初期或某一阶段缺乏自信心是十分普遍的现象。那么这一时期的新教师应当怎样树立信心呢？

　　首先，树立"我能做"、"我要做"、"我能做好"的信念。教师应客观地认识自己，针对自己的特点在各项活动中发挥自己的能力，当然这样的能力是在教师自身有一定基础的情况下。在各种活动中，要勇于挑战，变被动为主动，变"要我做"为"我要做"。还要形成自己的教育特色，有一定的经验积累，对困难和挑战有抗压能力，有自己解决问题的独特的想法和作为，有凡事做好的目标和意识。然后，再通过更多的学习，树立良好的自信心。

　　其次，充分地学习，不断提高自己的业务水平。用实力证明自己。新教师要为自己制订合理的学习计划、个人发展计划，以提升自己对工作的驾驭能力，这样才能做到信心十足。

　　再次，要有一个清晰的自我定位，不要把目标定得过高。在入职初期，新教师需要学习的东西有很多，这时就需要仔细思考自己的目标是什么。就像"幼儿学习走路一样，要由站到走，再由走到跑"，切不可一味地追求速度而构建"空中花园"，目标要符合自己的现实情况。新教师应当从一个环节、一首儿歌入手，对自己的具体工作进行实践和揣摩。幼儿一日生活中的要求看似简单，其实有许多值得研究的地方，所以新教师更应该把自身的发展进行大步规划、小步稳进的安排。那么，目标与教师自信心有什么关系呢？发展目标的适宜性决定了自信心的建立情况。目标过低，教师极易产生自满的心理，挑战的意识减弱，过早地让新教师安于现状，进步的空间会越来越小，不利于教师的发展；目标过高，新教师的发展难以达到，教师长期得不到自我认可，其自信心受到打击，他们甚至会怀疑自己对职业的选择是否正确。

有些教师一味地模仿，对老教师的方法采取"拿来主义"，却不知道掌握了方法不一定就能有好的工作成效，还需要实践的磨砺。老教师因为有长期和幼儿接触的经验，和幼儿交流时更容易让幼儿接受和理解，许多活动就不需要过于繁琐的语言或其他准备了；而新教师的模仿只是表面上的东西，缺少平时的接触经验，缺少对幼儿特点的了解，又怎么能有好的效果呢？

新教师自信心的建立，教师自身的努力是一个方面，幼儿园的管理也是相当重要的一个方面。幼儿园要为新教师提供更多的机会展示自己，也要给教师自我调整的机会，毕竟成长中的失误在所难免。幼儿园还应有针对性地对新教师进行业务培训，为新教师的个人发展计划把关，指导并督促新教师的学习，提供有关的资料和外出学习机会，让新教师在更多的学习条件中形成发展的良性循环。

每一名新教师都应当充满自信，勇于承担，才能更好地完成教师工作，教出充满自信的孩子！

（佟爽）

117. 教师如何制订个人成长计划?

作为教师,我们要不断地学习积累,提高自己。有计划地发展自己是很重要的,但是有时候制订了计划,最后也没能完成,或是觉得计划离自己太远。那么什么样的计划才能有效地促进自身的发展呢?在制订个人成长计划时,教师应考虑以下因素:

(1) 认识自我。自我认识是教师制订个人成长计划的第一步。每个人都是会随着时间、环境等因素变化的。因此,能够正确地认识现阶段的自己,分析自己的优势和劣势,才是制订个人成长计划最重要和最基础的。

认识自我也就是认识自己的爱好、兴趣,自己工作中和性格中的不足,以及自己还可能有哪些潜能、自己未来想发展成什么样,自己的人生价值观等。我们除了对自己进行分析外,还可以从平时的工作中进行反思,或者和班组中的其他教师交流自己的工作状况以便获得更客观的自我认识,为接下来有针对性地制订个人成长计划做准备。

(2) 确立发展目标。发展目标不能制订得太大或者太笼统。首先,要结合自我认识制订近期目标,也就是自己能够通过一段时间的努力完成的目标。比如年轻教师可以制定"熟练组织半日活动"、"发展自己的语言组织能力"、"增加区域活动的指导策略"等近期发展目标。然后,在此基础之上制订中远期发展目标,如"成为班组长"、"能够进行课题研究"等。这样不仅能够帮助自己有目的地发展,而且能够促进自己的价值体现。

(3) 选择行动策略。当发展目标确定后,就应选择行动策略。在选择行动策略时,应多参考过来人的意见,选择最适合自己的行动。比如:和老教师进行师徒结对,和要好的教师建立学习小组等。

(4) **在实战中调整**。在实施自己的发展计划的时候，教师要根据当时的条件、环境等进行调整，最终促使自己向着目标不断地发展。然后，再根据现阶段自己成长的情况，继续制订新的发展计划。如此循环往复，使自己一步步走向成功。

（张悦）

118. 青年教师如何提高自身的写作能力？

首先，要想清楚为什么写、要写什么内容。把这两个问题弄清楚也就明确了写作的目的，准确把握了写作的内容。最忌讳的就是内容不明确，想写什么也不清楚。写作之前最好要有初步的内容计划，然后围绕主题进行阐述和分析，这样教师的写作思路才能清楚，整篇内容才能融汇贯通。

其次，要结合内容提高理论水平。对文中的内容找到理论支撑和理论依据，并在文中恰当的位置表现出来。这就要求教师要多阅读专业书籍和文章，不断积累理论知识，在写作时有的放矢地运用。

再次，实践经验的积累与分析。教师要注意观察，注意材料的积累。教师要时时处处留心孩子的表现和各种教育现象，要有发现的眼睛，把有价值的问题和案例记录下来，然后进行分析；或是根据要书写的内容，在实践中通过对孩子进行观察和指导，积累经验和素材。只有积累了足够的经验和素材，在写的过程中才会有内容可写，才能分析得有理有据。

最后，就是语言文字的表达和词汇的积累。好的文章除了有精彩的内容，文字的表达也是非常重要的。教师要学会多种书写的方式、方法，积累精彩的词汇和语句，这样会给文章添色不少。

专业能力发展篇

总之，教师要想提高写作水平，就要做到的思路清楚、内容精彩、分析透彻、文字表达精准。

除此之外，教师还要养成几个好习惯：多看书、多观察、多积累、多分析、多练习，做一名勤于动脑、勤于动手的幼儿教师。

（朱艳）

119. 到了一个新单位，如何与同班教师相处？

新教师来到幼儿园后，心情往往会很忐忑，怕处理不好和同事的关系，怕遇到不好相处的同班教师。那么，新教师要怎样处理好和同班教师的关系呢？

（1）同事皆友，主动融入。 第一次亮相很重要，教师要热情主动地和见到的每一位同事打招呼，见到和自己同班的教师要主动问好，一定要表达自己愿意和大家一起努力工作的愿望。比如可以这样说："×× 老师好，我是 ×××，新来咱们班的，希望大家多多帮助我。"接下来，可以适当介绍一下自己的家庭环境、自己的长处，也可视情况适当和班里的教师聊聊家庭的话题。

要注意的是，有时新教师习惯与同时期来到幼儿园的同事一起聊天和活动，要不然就是只和自己班级的教师交往，这样会让大家误解你的真心，很难被集体认同。

（2）发现闪光点，由衷赞叹。 进入到班级里，要努力发现班级的闪光点，比如发现同班教师制作的布艺玩具很漂亮，就可以由衷地赞叹，同时表达自己想要学习的愿望。遇到不懂的事情要虚心向他人请教；当然，新教师也有自己的优势，如课件制作、网络运用的优势，这样的才华不是不能展示，而是要有一个水到渠成的过程，不要一到班里就对某件事情做出负面评价。比如一位手工制作能力特别强的新教师看到班里的环境时说："这棵树是平面的，我能做个立体的。"她边说边把原来的树木图片撕了下来。虽然她后来做的确实比原来的好看，但是同班的老师已经流露出不满的情绪了。教师间一旦有隔阂，再想转变就需要付出许多不必要的精力。当然，我们不是要让大家变得虚假和世故，而是让新教师学会交流的艺术。

此外，表扬应是发自你内心的情感表露，不要为了博取其他教师的好感而假意逢迎，这样你会非常累。尤其不要介入教师间的纠纷，遇到其他教师议论同事的是非，不要迎合和参与，不要轻易做出评判。

（3）明确任务，积极付出。 虽然相比于老教师，刚毕业的教师的教育观念可能更新颖，教学方法可能更灵活，但在教育教学的实践方面，新教师还是经验不足，还需要老教师的点拨和扶持。面对班级工作，新教师要反复和同事讨论、明确任务，在工作过程中要及时请老教师提意见和建议。平时在工作中，也要尽力主动多承担一些任务，比如主动加班，主动帮有事的同事值班，尤其是对于保育员的工作，要主动帮忙。新教师要相信，认认真真、谦虚谨慎的工作态度终将会得到大家的认可。

每个班级里的班长是新教师可以经常求助的一线领导，可以把自己想承担任务得到锻炼的想法及时与班长沟通，请班长统筹安排。在工作中要学会突出集体的作用，不要过于强调自我的价值，要看到同事的隐形帮助，学会及时表达感谢和对集体的感恩之情。

（4）自我调适，自我提高。 新教师都是带着一腔热血，带着对工作的良好期待来到新单位的。因此，入职初期，当领导和同事对待自己不公或者有误解时，有些新教师会有所计较、萌生去意，这是不成熟的表现。无论怎样，做好工作是第一位的，不能因为一点小事就否定整个单位的人和事。新教师要学会心理的自我调节。你可以通过换单位来躲开现在的不快，但是不能肯定下一个单位就不再发生这样的事情。新教师要跳出来重新审视:是否自己做得不到位?领导和同事是否以偏概全了?新教师要从调整自身做起,在今后的工作中证明自己要相信。要相信,"是金子总会发光的"。

当然也不应一味地压抑自己,如果班级中确实存在打压新人的现象,要勇于向领导提出自己的看法或者要求调换班级。如果不幸遇到是非不分的领导,离开现在的幼儿园,去别的幼儿园工作也未尝不可。决定的关键是要关注全局,正确判断。

(刘洪霞)

120. 如何与幼儿园领导相处?怎样让领导了解自己的工作热情和才能?

进入一个新单位,能够与领导友好相处能使工作更加顺利,也能够获得更多的成长帮助。幼儿园的领导包括园长、副园长、保教主任、后勤主任等。在此主要谈谈如何与园长和业务领导相处,以及怎样向他们展示自己的工作热情和才能?

第一,摆正心态,自然相处。 新教师首先要认同一个理念——"只要认真工作就会得到领导的赏识"。不要对领导有惧怕心理。有的新教师见到园长就绕着走,开会时总要坐到园长看不见的角落。要知道,园长每天要面对许多人和事,你的刻意回避会造成园长对你的忽略或者对你的能力的怀疑。

园长是园所的法人,这只是职位上的分工。他也是和教师一样的普通人。因此,不必装出一种领导喜欢的样子,那样会很累。要和领导自然地相处,逐步了解领导的管理风格,入职初期需要努力适应,主动配合。

第二,相互尊重、相互理解。 幼儿园领导工作繁忙,在工作中难免会出现急躁、"恨活（什么事情都想尽快完成）"的情绪，而且他们一般在一线工作多年，看实践中的问题往往一针见血，评价起老师来也经常是不留情面。教师要理解领导的工作特性，要能够尽职尽责、高效地完成自己的工作任务；同时，要学会体谅领导，及时和领导进行沟通。比如对于急脾气的领导布置的工作，教师要及时表示自己是否听懂了，如果有难度要委婉地提出。领导不是总能客观地处理问题，对于领导的误解和不符合实际的批评不必马上反驳，可以找适当的机会做出解释。

第三，把握机会，展示自我。 新教师总有排队的思想：有观摩任务肯定是老教师上；教研活动要发言，肯定是老教师先发言。如果新教师总是抱持等待的思想，有能力也不主动展示，就会失去自我发展的机会。谦逊是美德，但是有才必逞也是教师的职业要求。

如何向领导展示自己的才华呢？在领导宣读计划时，要认真倾听，记住今年有几项重要的工作，遇到不理解的要及时询问；与班级教师一起商议重点工作的班级时间安排表，明确自己承担的主要任务，提前做好准备。

同时，教师还可以结合自身优势主动请缨承担工作任务。比如自己有文艺特长，在"六一"文艺汇演时，可以向园长建议："我们上学的时候编过一个男孩子的舞蹈，我跳跳看，'六一'活动肯定女孩的舞蹈节目多，如果咱们园男孩子跳了肯定效果很好，家长也会很满意。"

第四，多提建议，少提意见。 新教师往往带着"初生牛犊不怕虎"的工作热情。他们在学校里接触了许多新的知识，看到一些不如意的事情总是急于否定，想尽快改变。比如：

某幼儿园的网站内容都是文字的，有个新教师就在中午吃饭时对园长说："我看了咱们园的网站，太落后了，就是个'休眠网站'，而且内容也不更新，连个视频都没有，真是和一级一类幼儿园的称号不符合。"当时园长看了她一眼没有说话。她接着说："真的，园长，人家好多幼儿园都有专门的人在做网站呢。做得可漂亮了。"园长听后默默地走了。

教师关注幼儿园的网站没有错,错在交流方式不恰当。刚进到幼儿园最好不要对幼儿园已有的事物评头论足,应先了解一段时间。如果你没有好的改进方法就不要提意见。如果自己有能力可以提建议:"园长,我在幼师学过网站制作,我试试做一个互动性的网站,能把咱们活动的视频传上去,我先做着,做好了您看看啊。"过几天做好后,给园长看了再征求意见:"您认为哪个地方还需要改动?这个假期我把它做好,下学期咱们的网站改版,您看怎么样?"

当然这是一个个案,也有许多开明的园长不会计较教师的态度,但是要记住:"提问题同时要提建议。"如果没有想好改进的方法和建议,可以缓提意见。

(刘洪霞)

万千教育 学前教育类书目

书号	书名	著、译者	定价(元)
幼儿园家长工作指导			
2345	幼儿成长揭秘——常见问题分析与家园共育策略	王普华 等 著	48.00
1934	幼儿教师与家长沟通之道（第二版）	晏 红 著	46.00
364	幼儿园家长工作技能与艺术	莫源秋 编著	45.00
806	破解家园沟通的44个难题	胡剑红 主编	35.00
9610	幼儿教师的家长工作技巧	张春炬 主编	34.00
9592	幼儿园家长开放日活动设计与实践指导	卢筱红 主编	25.00
9322	幼儿园家庭教育指导形式与方法	晏 红 著	34.00
幼儿园家长工作指导合计			267.00
幼儿园教师教育技能与活动指导			
2096	让幼儿都爱听你说（第二版）	马希武 等 译	36.00
1707	有力的师幼互动	王连江 译	36.00
9903	幼儿教师与幼儿有效互动策略	莫源秋 等 编著	35.00
1197	幼儿教育中的心理效应	莫源秋 等 编著	32.00

9950	让幼儿都爱听你说 ——幼儿教师说话的艺术	马希武 等 译	20.00
8953	幼儿教师实用教育教学技能	莫源秋 等 著	30.00
784	幼儿教师必须掌握的教育技巧	莫源秋 著	35.00
193	跟蒙台梭利学做快乐的幼儿教师	刘 文 主编	58.00
7511	做幼儿喜爱的魅力教师	莫源秋 著	25.00
7303	老师,你在听吗? ——幼儿教育活动中的师幼对话	汪寒鹭 等 译	28.00
幼儿园教师教育技能与活动指导合计			**335.00**
幼儿心理与发展指导			
2205	幼儿行为管理的方法与策略	莫源秋 著	46.00
1779	幼儿情绪管理的方法与策略	莫源秋 著	48.00
9496	透视幼儿心理世界 ——给幼儿教师和家长的心理学建议	冯夏婷 主编	36.00
0783	透视0—3岁婴幼儿心理世界 ——给教师和家长的心理学建议	冯夏婷 主编	38.00
0183	幼儿常见心理行为问题:诊断与教育	莫源秋 著	38.00
6608	幼儿心理健康教育	刘 文 编著	25.00
幼儿心理与发展指导合计			**231.00**
幼儿行为观察与应对指导			
2308	0—8岁儿童纪律教育 ——给教师和家长的心理学建议(第七版)	蔡 菡 译	72.00
9138	幼儿行为的观察与记录(第五版)	马 燕 等 译	32.00
2045	幼儿问题行为的识别与应对 ——给家长的心理学建议(第二版)	冯夏婷 主编	58.00

7797	幼儿问题行为的识别与应对（教师篇）（第6版）	王玲艳 等 译	38.00
1262	幼儿活动档案记录与解读（第二版）	马 燕 等 译	46.00
幼儿行为观察与应对指导合计			246.00
幼儿园教师教学技能与活动指导			
2253	理解儿童心理从绘画开始（全彩）	陈 侃 著	38.00
0760	幼儿园备课·说课·听课·评课	俞春晓 等 著	42.00
8598	幼儿园集体教学活动设计方法与实例	俞春晓 著	28.00
9499	幼儿教师必须修炼的10项教学技能	俞春晓 著	25.00
9454	幼儿园教学诊断技巧与对策58例	王春燕 等 著	38.00
1799	幼儿园电影主题活动创意设计（全彩）	王微丽 等 主编	72.00
9612	幼儿园综合主题活动——设计技巧与优秀案例	赵旭莹 等 主编	42.00
1235	幼儿园绘本美术活动创意设计（全彩）	郭莉萍 赵福云 主编	68.00
9323	幼儿园美术活动创意设计（全彩）	罗 梅 赵福云 主编	56.00
0180	给幼儿教师和家长的81条美术教育建议（全彩）	李力加 著	62.00
9150	幼儿园节日活动精彩设计方案	刘洪霞 主编	35.00
9590	幼儿园语言活动创新设计	郭咏梅 著	32.00
0157	幼儿园优秀语言活动设计70例	郭咏梅 主编	26.00
0453	幼儿园优秀体育活动设计99例	朱 清 侯金萍 主编	45.00
9892	幼儿园优秀美术活动设计99例（全彩）	陈学群 余 晖 主编	58.00

9591	幼儿园优秀健康活动设计80例	范惠静　主编	38.00
9439	幼儿园优秀社会活动设计65例	伍香平　主编	25.00
9385	幼儿园优秀科学活动设计88例	董旭花　主编	35.00
9951	幼儿园科学探究故事20例	王明珠　主编	40.00
幼儿园教师教学技能与活动指导合计			805.00
幼儿园教师专业成长指导			
2113	做会沟通的幼儿教师	胡剑红　等　主编	38.00
2236	幼儿园文案撰写规范与技巧	刘　敏　等　著	52.00
2311	幼儿园探究性环境创设（四色）	康　丹　等　译	48.00
2056	小脑袋，大问题（四色）	孟　晨　译	48.00
2309	破解幼儿园教师的90个工作难题	杜长娥　徐　钧　主编	52.00
2112	幼儿园优质教研活动设计方案	朱　清　等　著	38.00
1781	给青年幼儿教师的建议	吴邵萍　著	40.00
8470	答新手幼儿教师120问	刘洪霞　主编	28.00
1798	幼儿园新手教师指导手册	王　芳　等　著	48.00
1783	从新手到骨干——幼儿教师专业成长故事	尹坚勤　编著	42.00
1780	幼儿教师追求幸福的方法	余胜兰　著	42.00
9111	做个幸福快乐的幼儿教师 ——为你的专业成长支招	莫源秋　著	28.00
9047	幼儿教师临场应变技巧60例	冯伟群　著	25.00

8930	幼儿教师易犯的150个错误	伍香平 编著	32.00
0070	幼儿教师必知的礼仪规范	向多佳 编著	38.00
9611	幼儿园教师必知的60条教育政策与法规	洪秀敏 编著	34.00
幼儿园教师专业成长指导系列合计			**633.00**
	**幼儿园园所管理**		
2102	破解幼儿园园长的50个管理难题	苏晓芬 等 著	48.00
1784	幼儿园危机管理策略与实例	周丛笑 等 编著	52.00
1596	幼儿园安全管理策略	张春炬 李芳 主编	42.00
0039	园本培训促进幼儿教师专业发展	晏红 著	32.00
9883	幼儿园教研活动设计与实施	莫源秋 著	32.00
9620	幼儿园保育员工作指南	伍香平 等 主编	20.00
9438	幼儿园园长的领导艺术	任民 李迎春 著	32.00
9006	幼儿园园长临场应变技巧50例	卢俊 著	20.00
9012	幼儿园园长易犯的80个错误	伍香平 主编	25.00
幼儿园园所管理合计			**303.00**
	家庭教育		
8923	成就智慧父母的11个绝招	陶志琼 著	28.00
8555	幼小衔接——帮孩子轻松上小学	董旭花 等 著	25.00
8462	美国妈妈这样做 ——让孩子受用一生的品格教育	陈晓 著	32.00

7686	跟着直觉做妈妈——毕家妈妈育儿经之二	立 夏 著	26.00
7484	让女儿更出色	骆晓戈 著	25.00
家庭教育合计			**136.00**

幼儿园游戏指导			
1305	以游戏为中心的幼儿园课程（第六版）	史明洁 等 译	82.00
1261	幼儿教育课程 ——一种创造性游戏模式（第四版）	李敏谊 等 译	82.00
0758	幼儿园自主游戏观察与记录 ——从游戏故事中发现儿童（全彩）	董旭花 等 著	58.00
1563	幼儿园创造性游戏 ——环境创设与活动指导	王连江 译	32.00
1797	幼儿园游戏指导方法与实例 ——游戏自主性的视角	秦元东 等 著	45.00
0676	幼儿园室内外建构游戏指导	邵爱红 主编	36.00
幼儿园游戏指导合计			**335.00**

幼儿园区域活动指导			
1935	幼儿园户外环境创设与活动指导（全彩）	董旭花 等 著	72.00
2103	幼儿园社会区材料设计与评价（四色）	王微丽 霍力岩 主编	60.00
1950	幼儿园科学区材料设计与评价（全彩）	王微丽 霍力岩 主编	60.00
1951	幼儿园生活区材料设计与评价（全彩）	王微丽 霍力岩 主编	60.00
1782	幼儿园数学区材料设计与评价（全彩）	王微丽 霍力岩 主编	60.00

……
欲了解更多图书信息，请登录：www.wqedu.com
联系地址：北京市西城区三里河路6号院2号楼213室　万千教育
咨询电话：010-65181109，65262933
*本目录定价如有错误或变动，以实际出书为准。